中小学知识产权教学指引

刘志伟 著

INTELLECTUAL PROPERTY

知识产权出版社
全国百佳图书出版单位
—北京—

图书在版编目（CIP）数据

中小学知识产权教学指引 / 刘志伟著 . —北京：知识产权出版社，2020.7
ISBN 978-7-5130-7074-4

Ⅰ . ① 中… Ⅱ . ①刘… Ⅲ . ①知识产权法—中国—中小学—教学参考资料 Ⅳ . ① G633.263

中国版本图书馆 CIP 数据核字（2020）第 132029 号

责任编辑：李陵书　　**责任校对：**王　岩
封面设计：研美文化　　**责任印制：**刘译文

中小学知识产权教学指引
刘志伟　著

出版发行：知识产权出版社有限责任公司　　**网　　址：**http：//www.ipph.cn
社　　址：北京市海淀区气象路 50 号院　　**邮　　编：**100081
责编电话：010－82000860 转 8165　　**责编邮箱：**lilingshu_1985@163.com
发行电话：010－82000860 转 8101/8102　　**发行传真：**010－82000893/82005070/82000270
印　　刷：三河市国英印务有限公司　　**经　　销：**各大网上书店、新华书店及相关专业书店
开　　本：787mm × 1092mm　1/16　　**印　　张：**7.5
版　　次：2020 年 7 月第 1 版　　**印　　次：**2020 年 7 月第 1 次印刷
字　　数：102 千字　　**定　　价：**30.00 元
ISBN 978-7-5130-7074-4

前 言

《中小学知识产权教学指引》（以下简称《教学指引》），是我国第一本服务于中小学知识产权教师的教学指导用书，是笔者根据近十多年知识产权教育研究和实践，吸纳我国各地中小学知识产权教育的有益成果，为中小学知识产权教师更好地提高思想认识，把握教学规律，指导教学实践所撰写的参考用书。

《教学指引》解决了长期以来困扰中小学知识产权教师为什么教、教什么、如何教以及有什么好的教学设计、教学作品、教学经验等一系列问题。本书包括教学研究、教学设计和成果展示三部分内容，其中：第一部分“教学研究”涵盖了我国中小学知识产权教育的现状与分析，开展中小学知识产权教育的理论依据和重要意义，中小学知识产权教学目标和内容、教学原则和方法、教学途径和教育模式、教学课程和保障等内容；第二部分“教学设计”提供了知识产权基本知识、轻松发明、仿生发明法、走近专利、解密商标、探究九江双蒸酒的商标保护和品牌发展、走近版权、解密植物新品种八个实用的教学设计案例；第三部分“成果展示”则是获奖发明或专利创意作品的介绍。在本书附录部分还附上了全国中小学知识产权教育示范学校申报案例和教育实践成果报告等资料。本书可作为中小学实施知识产权教育的具有实践指导意义的教学参考指导用书。

习近平总书记在党的十九大报告中指出，要“倡导创新文化，强化知识产权创造、保护、运用”。《国家知识产权战略纲要》提出，要“制定并实施全国中小学知识产权普及教育计划，将知识产权内容纳入中小学教育课程体系”。《2019年深入实施国家知识产权战略加快建设知识产权强国推进计划》指出，开展知识产权教育普及和普法，深化中小学知识产权教育试点示范工作，培育一批优秀师资，编写一批优秀教材，打造若干精品课程。2015年以来，国家知识产权局联合教育部开展全国中小学知识产权教育试点示范工作，以试点促推广，以示范促深化。这些都体现了党和国家对中小学知识产权教育的重视，为中小学知识产权教育提供了行动指南，也使中小学知识产权教育出现了蓬勃发展的曙光。

可以说，知识产权基础教育是素质教育、创新教育在新时代纵深发展的新机遇。今天的知识产权基础教育塑造着明天我国的知识产权文化品质，在知识产权强国建设中为人力资源提供基础性支撑。我们的中小学知识产权教育，是一项功在当代、利在千秋的大事。相信随着我国中小学知识产权教育的深入开展，《教学指引》这本书在中小学知识产权教育实践中诞生，也必将服务于实践，在实践中走向成熟。

由于时间仓促，《教学指引》错漏之处在所难免，恳请广大读者指正，以便我们进行修订和完善，推动我国中小学知识产权教育越办越好。

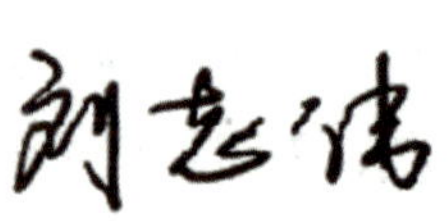

2020年2月

目 录

成果展示

附录

01 教学研究

02 教学设计

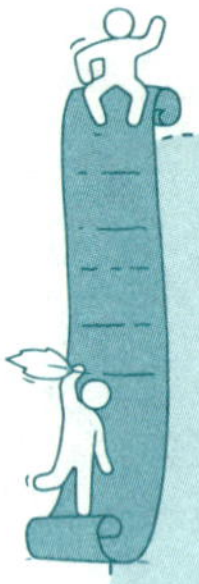

近年来，国家知识产权局和不少省（区、市）多次举行中小学知识产权教育师资培训，努力建设知识产权教育师资队伍，笔者有幸多次应邀在全国各地进行专题讲座和经验分享。为更好地推进中小学知识产权教育工作，笔者根据自己多年的实践经验，结合国内同行的相关研究成果，对中小学知识产权的教育意义、教学内容、教学方法、教学途径、教学课程等进行了系统的梳理、提炼和总结，以期对大家开展中小学知识产权教学工作有所启发和帮助。

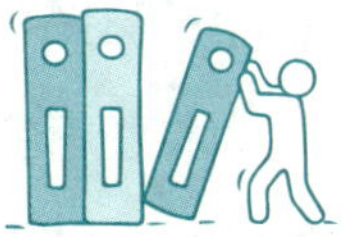

我国中小学知识产权教育的现状与分析

一、我国中小学知识产权教育的现状

我国中小学知识产权教育起步较晚，但发展迅速。2002年起广东省佛山市南海区最先开展中小学知识产权教育实验，随后北京、上海、武汉、山东等省市也相继开展中小学知识产权教育实践研究。特别是自2015年国家知识产权局联合教育部启动开展全国中小学知识产权教育试点示范工作以来，我国中小学知识产权教育呈现良好发展态势。据统计，截至2019年3月，我国已累计评定四批共165所全国中小学知识产权教育试点学校、首批25所全国中小学知识产权教育示范学校，各省（区、市）也在省级层面评定出近千所中小学知识产权教育试点、示范学校。2015年至2019年，国家知识产权局共组织了10期全国及片区中小学知识产权教育培训班，培训人数约2000人。我国各地试点示范学校发展势头良好，主要表现为：试点示范学校的工作体系更加完备，教育实践更加深入，教学活动大量增加，逐渐形成了具有专业的师资力量、良好的体验平台以及有效的激励措施等良好氛围。许多试点示范学校还逐步积累了一批优质教学资源，包括知识产权教育示范课、学习读本及校本教材、电子教学资源等。

近十几年来我国对中小学知识产权教育的重视程度不断提高，但距离创新型国家建设的发展需要还有较大差距。华中师范大学知识产权研究所所长刘华教授研究团队针对全国大学、中小学的学生和老师以及各省市现行知识产权教育政策的调研数据表明，我国中小学知识产权教育提高了学生的知识产权意识，但仍存在以下主要问题：知识产权教育普及率不高，工作体系不完备；知识产权教学缺少实施基础，教师知识产权素质亟待提高；IPE（国际职位评估系统）未纳入学校绩效评价指标。[1]

二、我国中小学知识产权教育的改善对策

根据上述我国中小学知识产权教育的现状，特别是针对中小学知识产权教育的主要问题，笔者认为我国中小学在推进知识产权教育工作时需要做好如下几点。

（一）建立健全知识产权教育考核指标

虽然国务院颁布的《国家知识产权战略纲要》要求，广泛开展知识产权普及型教育，制定并实施全国中小学知识产权普及教育计划，将知识产权内容纳入中小学教育课程体系，但目前我国各级教育管理部门并没有把IPE纳入学校绩效评价指标，这是导致中小学知识产权教育工作落实不到位的重要因素之一。因此，只有把中小学知识产权的普及教育计划及教学课程作为一个地区、一所学校工作及绩效考核的一项内容，有相应的考核评价机制，才能保证中小学知识产权教育真正落实到位。

（二）建设中小学知识产权教育的师资队伍

一支高素质的教师队伍是知识产权教育取得成功的重要保障。我国目前由于知识产权教育师资力量的不足导致很多地区的中小学知识产权教学不能按照既定计划进行，教学效果不够理想。甚至一些学校完全没有相关师资的配备。因此，我国要逐步在中小学校建立起一支稳定的从事创新和知识产权

[1] 参考2018年6月14日刘华教授在国家知识产权局举办的2018年全国中小学知识产权教育培训班上的发言稿。

教育的专职和兼职教师队伍，并在工作安排、职称评定、考核奖励等方面对从事创新和知识产权教育的教师采用与综合实践活动课教师或科技辅导员同等的量化考核标准，只有这样才能保证创新和知识产权教育的质量。

（三）建设知识产权教育资源

我国目前对中小学知识产权教学的投入相对不足，教学资源相对贫乏，这在客观上成为阻碍我国中小学知识产权普及教育发展的重要因素之一。因此，我国除大规模进行中小学知识产权师资培训，或者为通过自学考试的中小学知识产权教师颁发合格证书使其持证上岗外，还要做好全国统编教材、教参和指导用书的编写工作。将知识产权内容纳入中小学教学课程体系不是一句空话，必须看得见，摸得着。

开展中小学知识产权教育的理论依据

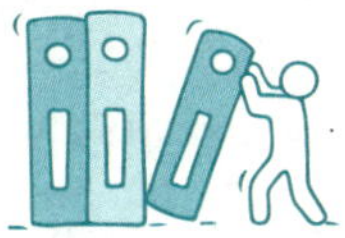

一、人的核心素养发展理论

建设创新型国家，教育是基础，培养创新型人才是关键。崇尚创新精神、尊重知识产权是为建设创新型国家培育高素质创新人才所必须具备的最关键、最必要的核心要素，是体现新时代发展特征的重要价值观。只有知识产权的创造者、利用者和消费者对该价值观达成基本共识，以及在该价值观的指导下对知识产权采取正确的态度和行为，才能在全社会建立起良好的知识产权秩序。

根据人的身心发展规律和教育规律，创新意识和知识产权价值观的启蒙及养成必须在人的青少年时期完成。中小学教育是国民教育体系的重要组成部分。在中小学开展知识产权教育，体现时代特征、尊重教育规律、符合中国国情，是在基础教育阶段开展素质教育的创新措施，是培养新时代青少年核心素养的重要途径。

二、我国的相关教育政策文件

党和国家的教育政策及教育文件精神，为我国中小学开展知识产权教育提供了行动指南和理论依据。

2008年6月国务院颁布实施的《国家知识产权战略纲要》指出：广泛开展知识产权普及型教育；在精神文明创建活动和国家普法教育中增加有关知识产权的内容；在全社会弘扬以创新为荣、剽窃为耻，以诚实守信为荣、假冒欺骗为耻的道德观念，形成尊重知识、崇尚创新、诚信守法的知识产权文化。《国家知识产权战略纲要》还指出：在高等学校开设知识产权相关课程，将知识产权教育纳入高校学生素质教育体系；制定并实施全国中小学知识产权普及教育计划，将知识产权内容纳入中小学教育课程体系。

2013年3月国家知识产权局、文化部等六部委联合印发的《关于加强知识产权文化建设的若干意见》指出：知识产权文化是中国特色社会主义文化的组成部分；将知识产权有关内容纳入国民教育体系；在中小学法律教育中增加知识产权有关内容；把知识产权文化建设与大中小学生思想道德建设、校园文化建设紧密结合，开展各类主题教育活动，增强各类学校学生的知识产权意识和创新意识。

2015年12月国务院印发的《关于新形势下加快知识产权强国建设的若干意见》指出，各地区、各有关部门要加强知识产权文化建设，加大宣传力度，广泛开展知识产权普及型教育，加强知识产权公益宣传和咨询服务，提高全社会知识产权意识，使尊重知识、崇尚创新、诚信守法理念深入人心，为加快建设知识产权强国营造良好氛围。

2019年6月，国务院知识产权战略实施工作部际联席会议办公室印发的《2019年深入实施国家知识产权战略加快建设知识产权强国推进计划》指出，开展知识产权教育普及和普法，深化中小学知识产权教育试点示范工作，培育一批优秀师资，编写一批优秀教材，打造若干精品课程。

三、创新教育理论

开展创新教育，从教育本身来说，必须切实转变教育观念，更新教育思想，从课程体系、教学内容、教学方法和教学手段等方面改革教育教学质量评估标准及机制。创新教育的最终目的在于开发、挖掘和培养学生的创造性潜能，其核心是培养学生的创新精神和实践能力。而知识产权教育，是为青少年埋下创新的种子，为规范知识产权秩序和保护智力创造成果奠定基础，是创新教育的重要组成部分。

开展中小学知识产权教育的重要意义

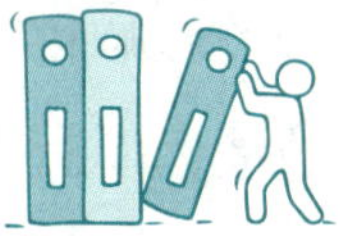

一、知识产权日益成为国家发展的战略性资源

实施国家知识产权战略，是转变经济发展方式的必由之路，也是提高我国核心竞争力的关键举措。现在，许多发达国家将知识产权称为“当代新黄金”，这个“新黄金”无处不在、取之不尽，任何人都可以去探索、

发现和拥有。美国通过持续运用知识产权制度支持和鼓励技术创新，持续保持本国的科技实力长期处于全球领先地位。虽然目前中国已经成为全球最大的制造业国家，但是在人均GDP方面，美国的人均 GDP仍然长期处于全球领先位置（2019年美国的人均GDP接近6.5万美元，而中国的人均GDP刚突破1万美元）。其中，一个重要原因就是中美两国对知识产权的认识不同。据统计，中国科技进步对经济增长的贡献率不足40%，而发达国家普遍超过70%。这意味着，中国大部分的经济增长是通过投资、出口拉动而不是依靠智力支持实现的。要实现“中国制造”向“中国创造”的转变，则离不开国家知识产权战略的实施。

我国实施国家知识产权战略，任重而道远。知识产权法律制度是鼓励技术创新、保护创造者利益的重要法律制度，已经成为一个国家经济发展的保障因素之一。但当前我国公民的知识产权意识还比较淡薄，现实生活中假冒商标、“山寨”产品、盗版软件和盗版书籍大行其道，未经许可随意使用他人专利技术成果的现象时有发生。尊重知识、崇尚创新、诚信守法的知识产权文化氛围还不够浓厚。试想，如果知识产权相关法律法规缺少了公民知识产权意识的内在支撑，怎么能发挥激励创新、保障社会经济发展的作用？而公民的知识产权意识不是自然形成的，离不开外界环境的影响和培育。近年来我国高度重视知识产权事业，取得了一系列显著成绩，但由于发展时间短、社会观念根深蒂固以及知识产权教育滞后等原因，我国公民的知识产权意识还有待提高。因此，实施国家知识产权战略，迫切需要加强知识产权文化建设。

我国正行进在由知识产权大国迈向知识产权强国的道路上。首先，党的十八大以来，我国高度重视知识产权工作。2016年中共中央、国务院印发的《国家创新驱动发展战略纲要》提出，到2020年进入创新型国家行列，到2030年跻身创新型国家前列，到2050年建成世界科技创新强国。2017年习近平总书记在党的十九大报告中指出，要“倡导创新文化，强化知识产权创造、保护、运用”。习近平主席在博鳌亚洲论坛2018年年会开幕式上的主旨演讲中，专门将加强知识产权保护作为扩大开放的四个重大举措之一，将知识产权的重要性提到了前所未有的高度，赋予其新的时代内涵。其次，党的十八大以来，我国科技创新和知识产权工作取得了一系列在世界范围内有重大影响力的成绩。如我国自主研发的5G技术、高铁技术、量子通信、超级杂交水稻技术等均处于世界领先水平。可以自豪地说，今天，我们比历史上任何时期都更接近中华民族伟大复兴的目标，比历史上任何时期都更有信心、有能力实现这个目标。

二、知识产权教育是国家知识产权战略的基点

党的十七大报告提出，提高自主创新能力，建设创新型国家。这是国家发展战略的核心，是提高综合国力的关键。建设创新型国家，实现中华民族的伟大复兴梦想，迫切需要培养创新人才。习近平主席非常重视创新人才的培养，强调“创新的事业呼唤创新的人才”，指出“科技是国家强盛之基，创新是民族进步之魂”，强调“坚定不移创新创新再创新，加快创新型国家建设步伐”。

党中央、国务院高度重视知识产权工作，并不断发展和赋予其新的内涵。从2007年党的十七大将知识产权上升为国家战略，到2008年国务院颁布实施《国家知识产权战略纲要》；从2012年党的十八大提出加强知识产权保护的重大命题，到2017年党的十九大指出创新是引领发展的第一动力。我们可以看到，党中央、国务院高度重视知识产权发展，并为建设中国式知识产权教育强国指明了前进方向，提供了行动指南。

新时代抓好中小学知识产权教育意义重大。基础教育阶段是青少年价值观形成的关键时期，对于培养受教育者创造力及知识产权价值观的基础性素养至关重要。今天的青少年如果缺少知识产权教育，就会缺乏知识创新和知识保护的意识、能力和习惯，很难真正融入“大众创业，万众创新”的社会氛围，很难成为具有诚信道德观和价值观的合格公民。通过开展知识产权教

育，形成“教育一个孩子，影响一个家庭，带动整个社会”的局面，为我国知识产权事业发展提供基础性支撑，为国际社会贡献知识产权基础教育的中国经验。中小学知识产权教育是一件功在当代、利在千秋的大事。

三、知识产权教育是教育改革的重要内容

2019年教育部办公厅印发《关于公布2019年度面向中小学生的全国性竞赛活动的通知》，确定的29项竞赛活动中，与专利相关的12项，与商标、版权等相关的8项。2018年高考语文全国卷中有12分直接与知识产权相关；2019年高考试卷中涉及知识产权的试题数量和分值更多，其中，文综政治全国卷8分，北京高考文综卷11分，江苏高考政治卷18分。从国家指定中小学竞赛活动项目，到高考题中较高频次地出现知识产权素材，这既表明知识产权基础教育已经获得社会各界的积极回应，也体现了新时代知识产权教育是我国教育改革的重要内容。

中小学知识产权教学目标和内容

一、中小学知识产权教学目标

教育目标是指所培养人才应达到的标准。根据《国家知识产权战略纲要》及《深入实施国家知识产权战略行动计划（2014—2020年）》等政策文件，比较研究发达国家中小学知识产权教育，结合新时代发展对创新型

人才能力结构的要求，可以确定我国中小学知识产权教育的教育定位、总体目标、基本目标和学段目标。

（一）教育定位

培养学生知识产权意识；利用当地知识产权教育资源提升学生的创新实践能力；为学生提供跨学科学习内容；聚焦培养学生核心素养；营造“尊重知识、崇尚创新、诚信守法”的知识产权文化环境。

（二）总体目标

提升学生知识产权素养，激发学生创新潜力，塑造学生知识产权价值观。

（三）基本目标

普及知识产权知识；培养学生的知识产权意识和社会责任；激发学生的发明创造潜能，培养学生的创新精神和实践能力；营造“尊重知识、崇尚创新、诚信守法”的知识产权文化环境。

（四）学段目标

小学阶段重在启蒙教育，初、高中阶段以普及教育为主。小学生的认知特点以感性材料为主，兴趣广泛、好奇心强。该学段的知识产权教育应以启蒙知识产权保护意识为主要目标，以丰富多彩的发明创造故事和鲜活的知识产权案例为素材，渗透知识产权基础知识。初、高中学生随着年龄的增长，其思维能力、理解能力、概括能力与判断能力有了逐步发展，该学段知识产权教育的主要目标是帮助学生了解知识产权保护的一般知识，培养学生的创新精神和实践能力。还可引导学生理解保护知识产权对促进我国国民经济发展和增强我国国际竞争力的现实意义，掌握如何利用知识产权保护自身权益，维护市场公共秩序，培养学生的爱国情感和社会责任感（见表1.1、表1.2）。

表1.1　中小学知识产权教育目标体系及学段目标分解[2]

目标体系		学段目标分解			
目标层	准则层	小学低年级	小学中高年级	初中学段	高中学段
创造潜力（发展目标）	能力提升	创新情感	创新兴趣	创新思维	创新素质
知识产权素养（过程目标）	知识掌握			知识产权基础概念了解	知识产权知识运用
	行为规范		行为约束	规范养成	自我管理自我教育
	品德发展	尊重创造	守法意识	自律诚信	法治观念与社会责任感
	意识培养	树立榜样	意识启发	增强意识的能动性	发展意识的社会性
价值观（基础目标）	尊重知识崇尚创新诚信守法	启蒙	初步树立	强化认同	形成

表1.2　中小学知识产权教学的具体目标和课程载体

学段	教学目标	课程载体
小学（4—6年级）	科技创新兴趣与好奇心	科学课、信息技术课
	知识产权保护初步意识	科学课、道德与法治课
	动手实践的科学态度	综合实践活动课
	规矩意识	主题班会课
中学（初中和高中）	知识产权基本知识	道德与法治课、知识产权教育课
	创新意识与能力	物理课、化学课、生物课、通用技术课
	遵规守纪的法律意识	道德与法治课、研究性学习课、主题班会课
	知识产权保护意识和运用能力	学科实践活动课、知识产权教育课
	崇尚创新、诚信守法的态度和价值取向	综合实践活动课、主题班会课

[2] 参考了2018年6月14日华中师范大学知识产权研究所所长刘华教授在国家知识产权局举办的2018年全国中小学知识产权教育培训班上的发言稿。

二、中小学知识产权教学内容

中小学知识产权教学内容，应包括知识产权的主要内容（即专利权、商标权、版权和其他知识产权）。对应小学、初中、普通高中或职业高中的不同阶段，应设计不同的教学内容。可以按照每学期学习一个主题单元，一个主题单元约3个课时来设计教学内容，具体为：小学4年级至6年级上半学期，共5个学期（分别开展5个专题）；初中1年级和2年级，共4学期（分别开展4个专题）；普通高中或职业高中1年级和2年级，共4个学期（分别开展4个专题）。

为了更好地适应不同学校的特点，在教学内容的选择上，各学段应该根据学校自身特点和优势选择相应的内容。要求做到：密切联系学生生活实际，突破教材和学校的局限，拓展学生的知识领域，体现“综合”“实践”“活动”的特点；突出综合实践活动的整体性、实践性、开放性、生成性和自主性。关注学生在活动过程中的丰富多彩的学习体验和个性化的创造性表现，对学生进行多元化评价，追求活动过程和结果的开放性。

（一）小学、初中阶段的教学内容

在小学、初中阶段，由于知识产权的相关内容对于学生来说比较枯燥烦琐、深奥抽象，不宜过多介绍知识产权的相关知识点，而应化繁为简，在如何做到通俗易懂上下功夫。例如，开设“走近专利”“商标王国探秘”“专利是发明创造的保护神”等专题学习课；开设“抄袭与对他人作品的合理使用”等讨论课。

（二）普通高中或职业高中阶段的教学内容

在普通高中或职业高中阶段，学生的起点相对较高，知识产权教学的内容应以能力培养为重点。教学设计体现以学生为主体，教师为主导。在《全国中小学知识产权教育示范读本（试用本）》等现有教材基础上进一步丰富教学内容。在内容选取上，所选的事例应具有时代性、社会性、生动性、地域性。内容编排应具有科学性、可操作性。

中小学知识产权教学
原则和方法

一、中小学知识产权教学原则[3]

中小学知识产权教学应根据中小学生的年龄特点、认知规律，遵循中小学知识产权教学规律和教学原则。具体教学原则主要包括以下内容。

（一）科学性原则

这里的科学性是指根据中小学生心智发展规律，选择科学的教学内容、教学方法、教学过程和教学结果。教学内容科学，是指活动内容的选择和设计要科学，要注意选择当代最新的科技知识和科技成果。教学方法科学，是指教学方法符合学生的学习规律和心理发展规律。教学过程科学，是指教学过程的有序、有效。教学结果科学，是指教学结果正确，不能似是而非，甚至产生错误。根据科学性原则，我们在教学活动过程中要坚持科学的价值观、世界观、方法论。

[3] 该内容参考了湖南省长沙市教育科学研究院谭迪熬老师的《中小学知识产权教育教学艺术》一文。

（二）创新性原则

这里的创新性包含两层意思：一是指培养青少年的创造能力。知识产权课程具有综合性、实践性和探索性的特点，教师要发挥本课程优势，积极培养学生的创造性，努力使每一个学生的创新潜能得到挖掘。二是指教学的创新。知识产权教学不仅要进行知识产权知识的教学，还要鼓励创新，将创新作为一项重要的教学内容。

（三）发展性原则

这里的发展性包含两层意思：一是指教学内容的发展性。当代科学技术发展异常迅猛，如果知识产权教学内容仅仅按现有教材讲授，容易具有一定的滞后性，因此必须强调教学内容的“超前”和“更新”。只有将最新的科学知识传授给学生，才能培养学生与时代同步的科学精神、科学信念和科学能力。二是指对学生评价的发展性。教师要用发展的眼光去看待学生、用发展的观点去评价学生，鼓励学生不断进步，不断发展。

（四）实践性原则

知识产权教学内容中涵盖的科学精神、科学方法和科学思想等只有在实践中才能得到培养。实践为学生提供创造机会，也是创造的源泉和基础。教师要创造条件使知识产权教学与实践教学相融合，让学生在实践中发现问题、探究问题和解决问题。

（五）综合性原则

中小学知识产权教学是课程综合化的重要途径，也是培养学生综合能力的一个重要载体。中小学知识产权教育要与素质教育结合起来，实施全方位教育，着力于培养“通才”，让每一位中小学生了解知识产权知识，学会运用知识产权知识保护自己的知识产权并尊重他人的知识产权。

（六）激励性原则

教师要运用各种激励手段，最大限度地激发学生学习的积极性。当学生提出独特的意见和想法时，教师要给予支持和鼓励。一句温暖的肯定、一个会意的微笑，可能就会激励学生投入到无穷的科学探索中去。

（七）全员性原则

知识产权教育要面向每一位学生，使未来的每一个公民均具备知识产权意识。但普及知识产权教育不能增加学生的课业负担，这就要求将知识产权教学与现行课程融合，对中小学生进行形式多样、内容丰富、生动活泼的知识产权全员教育。

（八）渐进性原则

中小学知识产权教学要从简单的生活案例、故事等开始，从学生熟悉的周围客观事物着手，引导学生进行深入学习和探究，从而帮助学生构建知识产权的知识体系。这样，由浅入深，由易到难，由近及远，由表及里，由具体到抽象，由实践到理论，逐渐提高学生的知识产权意识。

二、中小学知识产权教学方法

（一）教学方法

1.讲授法

讲授法是指教师把知识讲授给学生的教学方法。讲授法在传授知识方面具有简捷性和高效性两大优点。运用讲授法，能用最短的时间、最快的速度把知识产权知识传授给学生。学生只有学会了“听讲”，才有可能自觉、系统地把教师的教法内化为自己的学法，从而在潜移默化中学会学习。

2.探究法

探究法是指学生通过阅读、观察、实验、思考、讨论等途径去探究，自行发现并掌握相应原理和结论的一种方法。运用探究法，要求在教师的指导下，以学生为主体，让学生自觉地、主动地探索，掌握认识问题和解决问题的方法和步骤，发现事物发展的起因和事物的内部联系，从中找出规律。运用探究法能提高学生的主体地位和增强学生的自主能力。

3.体验法

体验法创建的是一种互动的学习形式，强调重视师生的双边情感体验。运用体验法，要求在师生互动的教学过程中，达到认知过程和情感体验过程的有机结合，激情与明理、导行的相互促进，让学生在体验中学习有关的知识内容，领悟做人道理，实现“自我教育”。运用体验法，能使学生在学习过程中体验到成长提高的快乐、独立创造的快乐、参与合作的快乐。

4.实践法

实践法是指对学生进行实际动手能力培养和各种实践锻炼的教学方法。知识产权教学运用实践法，可以组织学生进行参观访问、参观见习、社会调查等。运用实践法，能有效培养学生的实践操作能力、动手创新能力（见图1.1）。

图1.1　刘志伟在四川省中小学知识产权教育师资培训班上作专题讲座

（二）实施策略

1.在综合实践活动课程中开展中小学知识产权教学

在综合实践活动课程中开展知识产权教学，使学生在实践研究和解决问题过程中得到锻炼和提高，逐步掌握研究问题的方法，形成创造性地分析问题和解决问题的能力。例如，通过对知识产权的学习，初步获得关于知识产权的一些感性认识；能实事求是、科学、客观地进行一些知识产权方面的简单评价。

2.与其他具有学校特色的教学活动相结合

将知识产权教学与其他具有学校特色的教学活动相结合，例如，同道德与法治课、科学课结合，依托乡土资源开展教学（如身边的知识产权），与学校相关活动结合（如学校科技节）。

图1.2 刘志伟在内蒙古自治区中小学知识产权教育培训班上作经验介绍

3.在学科教学中渗透知识产权内容

在语文、道德与法治、美术等课程中渗透知识产权内容（见图1.2）。例如，语文课教学中加入采访专利人物的新闻报道，道德与法治课教学中加入正版和盗版的利弊辩论赛，美术课教学中加入知识产权手抄报、动漫制作等内容。

（三）方法实例

1.小学阶段

在小学阶段，要求学生积极参与到各项活动中去，在“考察”“调查”“探究”“收集”等一系列活动中学习知识、发现问题，培养实践能力和创新意识，构建一种积极的、生动的、启蒙情感的学习方式。典型做法如讲一讲、找一找、画一画、演一演、赛一赛、写一写、评一评、展一展、唱一唱。又如，身边的知识产权征文、绘画比赛、校园墙报、展览、网站专题宣传等。

2.初中、普通高中或职业高中阶段

在初中、普通高中或职业高中阶段，随着学生知识水平、认知水平的提高，综合实践活动的方式、方法也应向深处拓展。例如，结合法律基础教学，可以引入对知识产权保护问题的调查、分析与探讨；结合科技创新活动，学习“专利文献检索”基本知识，了解专利信息的获取方法。

中小学知识产权教学途径和教育模式

一、中小学知识产权教学途径

（一）课程学习

利用现行国家、地方、学校三级课程管理体制，结合现行课程改革所倡导的综合化、实践化、生活化的特点以及知识产权教育跨学科的性质，以培养学生知识产权意识和综合素养为目的，将知识产权教育融入现行课程体系。在国家课程中，“将知识产权内容纳入中小学教育课程体系”，“制定并实施全国中小学知识产权普及教育计划”，“在义务教育课程标准教材修订中强化知识产权教育内容”；在地方课程和校本课程中，整合地方课程和校本课程的优势资源，鼓励开发知识产权特色课程。学校需要创造性地充分利用知识产权教育，将学生的科学文化知识学习与社会实践相结合，开展丰富多彩的知识产权教学活动。

（二）实践活动

结合社会生活实际，积极开展知识产权教育主题的综合实践活动。根据《中小学综合实践活动课程指导纲要》要求及推荐主题中知识产权教育相关内容，秉持有益、有趣、有效的基本要求，联系日常生活、社会热点及其他需要学生研讨的问题，精心设计、组织开展主题明确、内容丰富、形式多样、吸引力强的知识产权教育实践活动，引导学生通过文献收集、综合实践考察、专题调研、方案设计、主题讨论等学习方式，从历史、政治、经济、科技、文化、环境等多种视角，审视和分析国家、企业和个人发展及应用知识产权制度的新问题，使学生在实践活动中获得关于自我、社会、自然的真实体验。

（三）镶嵌式教学

镶嵌式教学是指教师有意识地将知识产权内容与自己的教学内容相结合，寻找可以向学生渗透的知识点，将知识产权知识镶嵌在日常教育教学工作中，不着痕迹地增强学生的知识产权意识。例如，道德与法治、综合实践活动、物理等学科教师可在自己的教学中渗透知识产权教育的知识、内容，提升学生的知识产权意识，提高学生的创新实践能力。

（四）专项式教学

专项式教学是指学校专门开展科技创新与知识产权教育的主题活动。例如，在学校科技节的活动中，邀请专业人员到学校给初一、初二的学生开设“青少年知识产权保护”方面的专题讲座，重点介绍专利方面的知识。又如在道德与法治课里专门设计一个有关知识产权教育的主题。

二、中小学知识产权教育模式

近十多年来，我国关于中小学知识产权教育模式的实践研究不少，其中比较有代表性的包括：南海教育模式；华中师范大学刘华教授提倡的“链接式、融入式和体验式”教育模式；教育部国培专家刘志伟（即笔者）倡导的“1234”教育模式。下面分别简要介绍这三种教育模式。

（一）南海教育模式

广东省佛山市南海区于2002年在全国率先开展中小学知识产权教育试点工作，总结和提炼的“教育一个学生，影响一个家庭，带动整个社会”

的教育模式，在全国推广，得到了国际理论界和学术界的认可，世界知识产权组织专家将其誉为知识产权教育的“南海模式”。该模式在一定程度上也被认为是中国中小学知识产权教育模式的代表。

（二）“链接式、融入式和体验式”教育模式[4]

链接式教育模式是指构建知识产权基础教育与学科链接的基本框架，根据学科关联性确定实施知识产权教育的重点链接学科。如学校制订知识产权教育纲要，把知识产权的知识纳入道德与法治课和综合实践活动课，把知识产权的意识培养纳入班会课、团队课等。

融入式教育模式是指凝练知识产权教育内容的核心因素、整合学校教育资源，将知识产权教育融入中小学相应学段正式课程、第二课堂等教学过程中。如初中的综合实践活动课、校本课程开设知识产权教育专题内容等。融入式教学强调知识产权教育学科化。即要把知识产权教育融入学科教学中，不能把知识产权教育从学科教学中独立出来，要根据学科特色和可结合内容，进行有机整合。如美术课把“科学幻想”与绘画创作结合起来；语文课把“科学幻想”与作文写作结合起来；物理课和化学课把“能源利用”与能源可再生和可循环利用结合起来；生物课和地理课把“资源利用”与环境保护和可持续发展结合起来等。这样，从不同角度对学生进行科学知识、科学能力等方面的教育和培养，从而把普及科学知识、科学方法，培养科学思想、科学精神贯穿于学校整个教育教学之中。

体验式教育模式是指设计和组织形式多样的体验环节及活动，让学生在生动的体验中发现、感悟、反思，内化形成学生的知识产权意识和创新品质。如组织学生到当地的专利代办处，了解专利代办处的业务办理流程；到当地学校附近的著名品牌企业参观自主创新发展情况等。

[4] 该模式参考了2019年9月25日华中师范大学知识产权研究所所长刘华教授在国家知识产权局举办的2019年全国中小学知识产权教育培训班上的发言稿。

（三）“1234”教育模式

“1234”教育模式是指1个抓手、2个平台、3类课程、4种机制。其中，1个抓手是指把知识产权作为创新教育的一个重要抓手。2个平台是指孵育平台和展示平台。3类课程是指学科教学类课程、活动拓展类课程和社团兴趣类课程。4种机制是指常态机制、内驱机制、融合机制和保障机制。具体内容如下。

1个抓手，就是把知识产权作为创新教育的一个重要抓手，将知识产权教育贯穿于创新教育的各个环节，使知识产权价值观嵌入学生核心素养的培养，助推学生创新发展。

2个平台，就是孵育平台和展示平台。其中，孵育平台是利用创客空间的有利条件进行作品设计、制作和创作。展示平台是把创新成果专利化、产权化，如发明作品申请专利、文艺作品进行作品发表和版权登记。

3类课程，就是学科教学类课程、活动拓展类课程和社团兴趣类课程。其中，学科教学类课程是指在学科教学中有机嵌入知识产权的相关内容。活动拓展类课程是指拓展知识产权的校本课程，如创新体验、观摩活动、比赛宣传等。社团兴趣类课程是指学校学生社团、兴趣小组的课程设置。

4种机制，就是常态机制、内驱机制、融合机制和保障机制。其中，常态机制是指把知识产权作为学校科技创新教育工作的重要组成部分，进行常态管理。内驱机制是指把知识产权教育作为教师自身专业发展的新内容和新途径，要求教师自我学习和发展。融合机制是指把知识产权融合到教学、德育和团委工作的方方面面，齐抓共管。保障机制是指知识产权教育的组织保障、制度保障和后勤保障。

此外，我国还有不少地区或学校探索出了具有地方或学校特色的知识产权教育模式。例如，佛山市顺德区李伟强职业技术学校根据自身职业学校的特点和办学理念，构建了一套富有成效的水网式创新教育模式。该模式是通过点、线、面到整个网，共同推进学生创新能力培养与知识产权保护。即创新社团为一个点，电商、汽车等专业成一条线，全校形成一个面，多所学校汇成一张网，共同开展多种形式的创新活动，寓知识产权教育于科技创新活动之中。

在课堂教学方面，常州工程职业技术学院李玮副教授提出了课堂探究性学习模式，该模式分“创设情境—自主探究—实践应用—交流评价”四个步骤展开。知识产权教学中采用这种学习模式，创设具体的实践项目，让学生通过独立探究、合作交流等方式，发现问题，解决问题。这种模式把学习的主动权交给学生，充分调动了学生的学习积极性。

上述中小学知识产权教育模式仅供读者参考，各个学校应根据当地或学校特色开发与实施符合自身实际的知识产权教育模式。

中小学知识产权教学课程和保障

一、中小学知识产权教学课程

目前我国在中小学知识产权教育课程设置上没有一门专门的国家课程，只有在相关文件中规定的国家课程内容。要想实施这门课程，只有进行现有国家课程或地方课程的校本化开发，或者开发知识产权校本课程。

（一）课程目标

（1）普及科技创新与知识产权基础知识，培养学生的知识产权创造与保护意识。

（2）开展主题学习和探究性实践活动，实现跨学科、跨领域的综合学习，提升学生的科学与技术素养、人文与道德素养。

（3）激发学生的科学兴趣、创造能力及创新意识。

（二）教学课程

1.课程类型

目前我国缺乏全国统一的中小学知识产权教材。课程内容可以参考知识产权出版社出版的《全国中小学知识产权教育示范读本（试用本）》《中小学知识产权教育读本》《知识产权基本知识》等读本的内容，还可以结合学科内容进行知识产权渗透教学。

（1）基础课程。参考《全国中小学知识产权教育示范读本（试用本）》《中小学知识产权教育读本》《知识产权基本知识》的内容，选择全部或部分内容进行讲解，介绍知识产权基础知识，主要包括知识产权基本知识、专利权、商标权、著作权以及知识产权保护的其他内容等。

（2）拓展课程。在各学科教学中渗透知识产权内容，培养学生的创新精神、创新人格以及知识产权意识。如在小学科学课或中学综合实践活动课中，增加发明方法、发明故事、知识产权保护与运用等知识产权教育内容，使知识产权教育与学科教学紧密结合，将知识产权教育融入各学科教学中。

2.课时安排

除学科渗透知识产权内容外，在专题讲座、主题活动和校本课程中，每学期安排3—4节的知识产权教学课时，以专题学习的形式教学。

3.教学形式

知识产权教学作为实践性很强的课程，它的教学方式势必要打破固有的教学模式，教师要尽可能地给学生更大的自主活动余地以及更多的相互交流机会。在教学组织上应多采用探究式、研讨式、活动式等形式。

4.课程评价

对于知识产权教学课程，没有将其作为一门独立学科课程进行考核并记入分数，但可以进行必要的课程跟踪和评价。课程评价以学生和老师的评价为主，结合学生竞赛获奖、作品发表和表演等方面加以考虑。教师评价则综合学生的素质提升、行为规范、知识掌握、创新成果的获奖或发表等方面加以考虑。

二、中小学知识产权教学保障

知识产权教育作为一门跨学科的综合学习课，需要领导重视，还需要专业师资和课时保证。学校只有建立科学合理的知识产权教学保障机制，才能顺利、有效地实施知识产权教育。

（一）组织与制度建设

学校建立起知识产权教育管理网络，具备有章可循的制度体系，是实施知识产权教育的必要条件。学校可成立由一位中层行政干部任组长、骨干教师为成员的知识产权教育领导小组，负责学校知识产权教育的整体规划与实施。选拔素质较高的教师担任教学工作，负责制订具体的知识产权教育活动计划，对知识产权教育活动的设计、组织和操作作出科学合理的安排，并实施教学。学校要制定有效的管理制度和措施，如制定《创新校园文化建设方案》《创新班级和学生评选办法》《学科教学的创新和知识产权教育纲要》等。

（二）知识产权课程建设

把知识产权教育列入学科隐性课程，建立科学合理的知识产权教育课程体系，通过适合的途径、适当的方法和手段实施不同活动内容的教学，是实现知识产权教育目标的重要保证。在知识产权教育中，教育内容的选择是决定教育效果的重要因素。教育内容要力求做到有针对性、系统性、参与性、娱乐性，还要保证活动内容的先进性、前瞻性、创造性、趣味性。

（三）知识产权教育队伍建设

1.建设知识产权教育师资队伍

开展知识产权教育，对教师的自身素质提出了更高、更新的要求。学校对科技任课教师可采取集中培训辅导与自我研修相结合的方式，通过理论讲座、教研科研活动、外出听课、参观考察、交流等途径来提高教师的教学水平。

2.建设知识产权教育学生骨干队伍

科技协会会员、知识产权教育活动兴趣小组成员、综合实践活动课或科技课科代表，这些学生能成为知识产权教育活动的“小老师”，可以协助教师做好知识产权教育工作。教师要做好辅导与指导工作，发挥这些学生在知识产权教育活动中的骨干与带头作用。

（四）加强条件保障

开展知识产权教育活动需要具备场地、设备、器材、教材和工具等条件。因此，要注意加大对学校知识产权教育活动经费的投入，把知识产权教育活动软硬件建设列为学校建设的重要项目。

02

教学设计

03

成果展示

在中小学知识产权教学实践中，为什么教、教什么、怎样教以及有什么好的教学设计等一系列问题长期困扰广大中小学知识产权教师。为了普及知识产权知识，培养青少年的创新意识和知识产权意识，根据青少年的年龄特征和学习规律，笔者围绕知识产权的主要内容，提供了几个教学设计案例（包括知识产权基本知识、发明、专利、商标、著作权、植物新品种等相关内容），以供参考。

知识产权基本知识

知识产权日益成为国家发展的战略性资源和国际竞争力的核心要素，因此，了解和关注知识产权，是新时代对所有人特别是年轻人提出的基本要求。下面就如何学好知识产权基本知识，为大家提供一个有益方案。

一、教学目标

1.知识与技能目标

（1）知道什么是知识产权，讲出知识产权的主要内容和主要特征。

（2）了解知识产权与我们的生活息息相关，知道尊重和保护知识产权。

2.情感与价值观目标

懂得尊重他人的知识产权，保护自己的知识产权。

二、教学过程

（一）情境引入

情境设计：观看网络视频《知识产权保护，大家怎么说》。

设计意图

以媒体报道引出知识产权话题，激发学生的学习兴趣。

（二）学习探究

1.探究：什么是知识产权

观看视频《知识产权是什么意思》，然后回答下列问题。

（1）我们知道房子、汽车、飞机等看得见、摸得着的成果，属于有形财产，而商业标识、发明创造、文学艺术作品这些智力劳动成果，也能当作财产来看待吗？智力劳动成果属于有形财产吗？

（答案：能；不属于）

设计意图

通过视频讲解和具体例子，让学生了解什么是知识产权。

（2）知识产权从本质上说是一种_______财产权，是指人们就其_______劳动成果所依法享有的专有权利。

（答案：无形；智力）

设计意图

通过解释无形财产、智力劳动成果的关键词，认识知识产权的本质。

（3）为什么要实施知识产权制度？

（答案：实施知识产权制度可以起到激励创新，保护人类智力劳动成果，并促进其转化为现实生产力的作用，体现了对智力劳动的尊重）

设计意图

认识实施知识产权制度的重要性。

2.探究：知识产权的主要内容

学生思考下列问题并填写答案。

（1）传统的知识产权主要包括

__________、__________和__________。

（答案：专利权；商标权；著作权）

（2）专利权、商标权、著作权保护的对象分别是什么？

（答案：发明创造；商业标识；文学、艺术和科学作品）

设计意图

认识知识产权的主要内容（专利权、商标权和著作权）及其保护对象（发明创造、商业标识、作品）。

3.探究：知识产权的主要特征

以一问一答、填空等形式，学习知识产权的主要特征。

（1）知识产权有哪些主要特征？

（答案：专有性、地域性和时间性）

（2）专有性是指权利人对其智力劳动成果享有__________和__________的权利。

（答案：独占；排他）

（3）地域性是指权利人在某个国家取得的知识产权，只能在该国获得保护。权利人在中国取得的知识产权能在美国获得保护吗？

（答案：不能）

（4）时间性是指知识产权________________永久有效，而是具有______期限。知识产权只在规定期限内受到________保护，期满后相关知识产权就会成为全社会的共同财富。

（答案：不是；一定的时间；法律）

设计意图

以讲解、问题解答、填空等形式，学习知识产权的主要特征，普及知识产权常识。

4.探究：我们身边的知识产权

以一问一答的形式，通过例子学习为什么我们的生活离不开知识产权。

（1）手机在哪些方面涉及知识产权？

（答案：商标代表了手机的品牌；手机的外观、芯片、电池等，与专利有关；手机里的软件、游戏、视频等涉及著作权）

（2）我们身边的日常用品，哪些东西拥有知识产权？

（答案：喝的“王老吉”饮料，涉及商标；穿的李宁品牌运动鞋、服装，涉及商标；自拍头像、写的文章，涉及著作权）

设计意图

通过例子说明知识产权就在我们身边，知识产权与我们息息相关。

5.探究：知识产权有何作用

学生看案例，说感想。

华为公司注重自主核心技术研发，每年研发投入近千亿元人民币，2019年其专利申请量居全球第一。英国品牌评估机构Brand Finance发布的“2019中国最有价值的500大品牌”排行榜中，华为以622.78亿美元的品牌价值排在了第三位，排名仅次于中国工商银行和中国建设银行。

设计意图

通过华为公司注重自主核心技术研发、专利申请与品牌效应的案例，了解知识产权对企业发展的作用。

6.探究：如何尊重和保护知识产权

思考并回答，下列哪些行为是侵权违法行为，哪些行为是合法行为？

A.在网上上传他人的歌曲、电影；

B.模仿“康师傅”方便面的“康师傅”牌方便面；

C.抄袭他人的文章并发表；

D.在网上上传自己的照片、作文。

（答案：ABC为侵权违法行为；D为合法行为）

设计意图

通过分析思考，明白哪些属于侵权行为，哪些属于合法行为。

（三）拓展延伸

1.保护知识产权的实际行动

学生写一份保护知识产权的宣言、倡议书或者标语。例如，宣言：“尊重知识产权，拒绝侵权，从我做起，从现在做起。让我们做一个具有知识产权意识的新时代好学生。”

设计意图

联系实际，通过写宣言、倡议书或者标语的形式，知道自己现在和将来可以为知识产权保护做些什么，做一个有知识产权意识的新时代学生。

2.知识抢答竞赛

题目见附。

［答案：（1）A；（2）B；（3）不对；（4）不对］

设计意图

通过知识抢答竞赛，活跃气氛，巩固知识。

3.总结交流

谈一谈：通过这节课的学习，你的主要收获和体会是什么？

设计意图

谈学习收获和体会，学会总结、表达。

（四）课外实践

学生收集身边的发明专利或品牌企业坚持自主创新发展的事迹材料，与同学分享，并谈自己的感受或看法。

设计意图

学以致用，寻找身边的榜样，做知识产权的创造者、保护者、宣传者。

附：知识抢答竞赛题

（1）知识产权保护下面哪一项劳动成果？（　　）

A.智力劳动成果　B.体力劳动成果

C.教育劳动成果　D.商业劳动成果

（2）知识产权包括（　　）。

A.专利权、商标权、起诉权　B.专利权、商标权、著作权

C.著作权、发明权、保护权　D.商标权、版权、交易权

（3）知识产权是一种有形财产权，对吗？

（4）知识产权的专有性强调知识产权的独占和排他，这是不合理的，对吗？

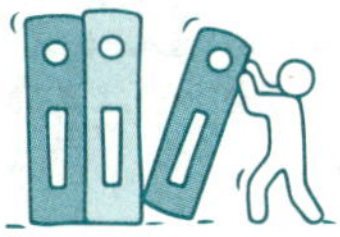

轻松发明[5]

今天的青少年就是明天建设创新型国家的主力军，如何培养学生的创新精神、发明创造能力和知识产权意识，关系到国家的未来、民族的命运。一提到“发明”，可能有些同学就怕了，认为那多难啊！其实发明创造并不神秘。不少对科技感兴趣的同学因发明在国内或国际上获了大奖，有的同学还因此进入世界名校就读。如何培养学生轻松发明，下面我们一起探究。

一、教学目标

1.知识与技能目标

（1）知道发明的基础知识，包括发明的概念、作用和例子。

（2）举例说明生活中的新发明，知道发明对改善生活的作用。

（3）尝试发明，包括创新设计和创新制作。

2.情感与价值观目标

（1）认同发明对改善生活的作用和对社会发展的影响，培养热爱发明的情感。

（2）感受自主创新的智慧与价值。

[5] 该教学设计来源：2011年12月2日在香港举行的首届世界创意节公开课教案。

二、教学过程

（一）情境引入

1.情境设计

学生聆听歌曲，思考并回答：这首歌曲歌颂的是什么？学生猜想并说出歌曲名。

（答案：歌颂发明创造；歌曲名《一起创造》，演唱者李纲）

> **设计意图**
>
> 创设情境，活跃气氛，激发学生发明创造的欲望。

2.情境设计

著名教育家陶行知先生曾说：“人类社会，处处是创造之地，天天是创造之时，人人是创造之人。”请思考：你会发明吗？（学生举手回答或教师指名回答，见图2.1、图2.2）

> **设计意图**
>
> 揭示心理困惑或矛盾，为消除对发明的神秘感做好铺垫。

图2.1 刘志伟老师在首届世界创意节授课

图2.2 刘志伟老师在四川旺苍刘瑞龙红军小学授课

（二）学习探究

1.探究：什么是发明

（1）猜一猜：下列哪些选项属于发明？

A.世界上做出的第一个凳子；

B.世界上做出的第一个有靠背的凳子；

C.世界上做出的第二个有靠背的凳子。

（答案：AB）

（2）想一想：什么是发明？

A.广义的发明是指创造出过去____________的东西，用数学公式如何表示？

（答案：没有；通俗的说法是“无这种，造这种”，用数学公式来表示，就是从0 →1 ）

B.狭义的发明是指《专利法》所保护的发明创造的其中一种专利类型，是指对产品、方法或其改进所提出的____________的技术方案。

（答案：新）

（3）说一说：你身边有哪些新发明创造的产品？

（学生举例说明自己身边的新产品，如5G手机、腾讯课堂App、智能开关等）

设计意图

通过具体例子区分哪些东西属于发明。为帮助学生理解发明概念的内涵，以“人无我有”作铺垫，其中“人无我有”包括整体的和局部的。

设计意图

认识广义发明的概念、通俗说法和数学公式的表示，帮助学生有效理解广义发明的概念；通过填空关键词，帮助学生理解狭义发明的概念。

设计意图

寻找身边的新产品，让学生感受发明给生活带来的便利。

（4）找一找：哪些发明的作用大？

（让学生找出自己认为发明作用大的产品）

设计意图

让学生了解不同发明产品的作用有大小之分。

2.探究：怎样发明

（1）做一做：谁是小小设计家？

A.教师介绍专利产品（见图2.3）。

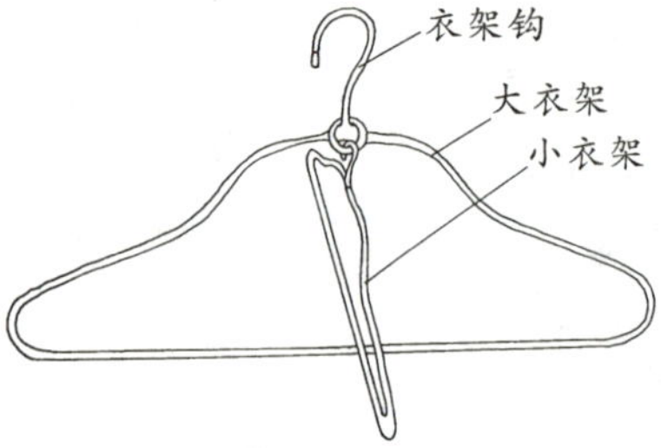

图2.3 快干衣架

设计意图

通过专利产品的设计图介绍，让学生知道专利方案的呈现内容，有样可学。让学生从模仿开始，自己动手尝试搞发明。

B.学生分组设计自己从未见过的新产品。设计要求包括产品名称、设计图及产品各组成部分名称。

设计意图

学生动脑想象，动手设计，培养想象力和创造力。

（2）评一评：谁是小小评论家？

A.请学生对自己设计的新产品的名称、创新点和用途等进行介绍。

［产品评价标准：创造性（30分）、实用性（30分）、新颖性（20分）、艺术性（20分）］

设计意图

了解产品的评价标准。

B.各小组分别派代表向全班同学展示和介绍本组设计的新产品，然后大家从中评出最佳创意奖。

设计意图

学会介绍、评价、分享和交流产品。

（三）拓展延伸

1.动手制作

比一比：谁是小小发明家？

（鼓励学生设计和画出发明构思方案图，创造条件制作模型甚至实物）

设计意图

培养创新思维和动手能力。

2.总结交流

谈一谈：通过本节课的学习，你最大的收获是什么？

设计意图

学会总结、分享、交流和表达。

（四）课外实践

（1）鼓励学生通过网络、影视、文献资料等途径，收集更多与发明相关的知识。

设计意图

继续学习和丰富发明创造知识。

（2）鼓励学生完善发明设计方案，创造条件做出模型或实物，两周后上交评比。对于好的技术方案，可申请专利。

设计意图

学以致用，发明创新，为申请专利打下基础。

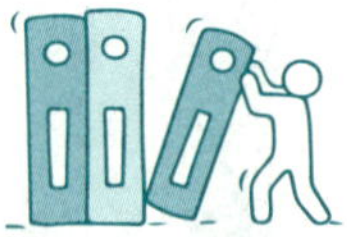

仿生发明法

掌握正确的发明方法和技巧，好比把握了发明的金钥匙，可以使凡人变成天才。发明方法很多，如仿生发明法、组合发明法、联想发明法、变化发明法等，其中仿生发明法是一种既古老又年轻的发明方法。如何教会学生掌握这种发明方法，下面我们一起探讨。

一、教学目标

1.知识与技能目标

（1）了解什么是仿生发明法。

（2）尝试运用仿生发明法进行发明创造。

2.情感与价值观目标

（1）通过发明创造活动，培养学生的创新意识。

（2）培养学生关注科技创新的情感。

二、教学过程

（一）情境引入

1.情境设计

学生观看视频《莱特兄弟与飞机 人类飞天梦的开端》。

设计意图

创设情境，激发创造欲望。

2.情境设计

请学生思考下列问题并连一连。

设计意图

列举影响人类的重大发明，激发学生的创造欲望。

A.世界上第一把锯子是谁发明的？　　莱特兄弟

B.世界上第一架飞机是谁发明的？　　卡尔·本茨

C.世界上第一辆汽车是谁发明的？　　冯如

D.中国第一位飞机设计师是谁？　　鲁班

（答案：A.鲁班；B.莱特兄弟；C.卡尔·本茨；D.冯如）

（二）学习探究

1.探究：仿生发明法的概念

设计意图

举例说明什么是仿生发明法。

（1）学生思考下列问题。

A.飞机是模仿什么发明的？

B.雷达运用的超声波回声定位，是模仿什么做成的？

（答案：A.鸟类的飞行原理；B.蝙蝠的超声波回声定位）

（2）学生思考并填空。

模仿生物的结构、功能、机理制造出产品的发明方法，称为__________发明法。

（答案：仿生）

2.探究：仿生发明的常用方法

设计意图

通过观察、对照和思考，理解仿生发明的三种常用方法，为模仿创造打下基础。

（1）仿生物结构。

学生观看并对照蜜蜂蜂窝和纸蜂窝墙板的图片，观察并思考它们之间有什么关系。

（答案：据说有一种黄蜂能用不到半两的蜂蜡，建起数十间整齐的蜂房。看来，蜜蜂采用了“轻型材料”建房。依照蜂窝的结构，人们制成一种纸蜂窝墙板）

（2）仿生物功能。

学生观看蝙蝠和雷达回声定位的结构与原理图，思考它们之间有什么相同之处。

（答案：蝙蝠靠耳朵的回声定位来准确判断周围物体的距离与方位，人们仿照这种原理制成了能测定飞机距离与方位的雷达，二者都是利用超声波回声定位）

（3）仿生物外形。

学生观看图片并对照鸟和飞机的外形、潜水艇和鱼的外形，思考它们之间分别有什么相同之处。

（答案：飞机模仿鸟的外形，潜水艇模仿鱼的外形。飞机和鸟、潜水艇和鱼，它们的外形均存在相同或相似之处）

3.探究：运用仿生发明法发明的东西

学生思考并回答下列问题。

（1）还有哪些运用仿生发明法发明的东西？请举例说明。

（答案：例如，模仿鹤的体态设计了掘土机的悬臂，模仿人体的肌肉骨骼发明了机器人，模仿鹰眼发明了望远镜等）

（2）你是否可以说出一个关于仿生发明法的发明故事？

（答案：例如，瑞士工程师梅斯特拉尔有一天从森林中散步归来，发觉袜子上粘了很多刺果，他用放大镜观察，发现这东西有数以百计的小钩，能紧紧地钩住织物上的纤维丝。于是，他想到如果在一块布上织满无数这种小钩，另一块布上织满无数个小环，两块布不就能够紧紧地互相粘接在一起了吗？经过几年努力，他终于发明出了尼龙搭扣）

（3）你能说出未来运用仿生发明法可能发明的新产品吗？

（答案：略）

设计意图

培养学生关注科技创新的情感；鼓励学生想象，培养想象力和创造力。

4.探究：科学猜想

学生思考并回答下列问题。

（1）在古代，人们看到蛇能蜕皮，认为这是长寿的秘密，有人设想如

设计意图

引导学生关注科技发展，理解科技发明就在身边，自古就有；学会大胆猜想，科学分析。

果人也能蜕皮，那就可以长生不老。你认为这可能吗？为什么？

（2）有同学想发明一款防臭屁内裤，你认为这可能吗？为什么？

5.探究：发明创新

学生从下列四题中任选一题，努力完成。

（1）模仿变色龙皮肤变色的特点，为解放军战士设计变色服装。

（2）模仿螃蟹横行的特点，设计一种可以向前直走，也可以左右横行的战车。

（3）设计一个智能机器人，你希望它能干些什么？如何实现功能？

（4）说出未来运用仿生发明法可能出现的新产品。

设计意图

鼓励学生大胆挑战科学难题，敢于设计和创造。

所模仿生物的名称	改变的方法	新产品的名称

（三）拓展延伸

1.作品评价

学生先分小组讨论自己设计的新产品，然后小组长发言，再互相评价。

［评价标准：艺术性（10分）、新颖性（20分）、创造性（30分）、实用性（40分）］

设计意图

了解科技产品的评价标准；学会欣赏、交流与评价。

2.总结交流

谈一谈：通过这节课的学习，你学到了什么？有什么体会？

设计意图

学会总结、表达。

（四）课外实践

以下两题，选做一题。

（1）利用百度、谷歌、360、搜狗等网络搜索引擎收集仿生发明法的相关资料。

（2）尝试运用仿生发明法设计制作新产品的模型或实物。

设计意图

学以致用，发明创新。

走近专利

发明创造完成之后，很多发明人会关心这样的问题：“如果有人偷走了我的发明构思怎么办？”答案是，通常可以通过申请专利的方式来保护自己的发明创造成果。如何帮助学生了解专利的基本知识，下面我们一起探讨。

一、教学目标

1.知识与技能目标

（1）知道什么是专利，专利有什么价值。

（2）了解专利的种类。

（3）了解如何申请专利和保护专利。

2.情感与价值观目标

（1）培养尊重专利、保护专利的意识。

（2）培养“尊重知识、崇尚创新、诚信守法”的理念。

二、教学过程

（一）情境引入

观看视频《薛兆丰：专利保护背后的故事》。

设计意图

创设情境，激发兴趣。

（二）学习探究

1.探究：什么是专利

（1）学生思考并回答问题：发明创造完成之后，发明人怎样保护技术方案，防止被人偷盗？

（答案：可以申请专利，成为专利权人）

设计意图

简要介绍为什么要申请专利。

（2）学生思考并回答下列问题。

A.专利从字面上解释是指________的权利和利益。一般是指政府机关颁发的一种________，这种文件记载了发明创造的内容。

（答案：专有；文件）

B.专利有什么价值？

（答案：专利制度是给天才之火浇上利益之油。专利制度通过“公开换保护”的方式，在激励人们不断投身于发明创造的同时，减少了重复研发，从而推动科学技术不断进步）

设计意图

专利的概念比较抽象，以填空形式帮助学生掌握专利的关键词；以讲解形式让学生了解专利的价值。

2.探究：专利的种类

（1）学生思考并填空：专利包括__________、__________、__________三种。

（答案：发明专利；实用新型专利；外观设计专利）

设计意图

通过填空认识专利的种类。

（2）学生指出下列三项分别对应

哪一类专利保护对象。

A.对产品、方法或者其改进所提出的新的技术方案。

B.对产品的形状、构造或者其结合所提出的适于实用的新的技术方案。

C.对产品的形状、图案、色彩或者其结合所作出的富有美感并适于工业应用的新设计。

（答案：A.发明；B.实用新型；C.外观设计）

设计意图

通过对比认识三种不同专利的保护对象。

（3）学生思考并回答：现在有一位同学设计了一个实用的全自动浇花装置的技术方案，他应该申请哪一项专利？

（答案： 实用新型专利）

设计意图

用具体例子说明申请专利的类型，加深对专利类型知识的学习运用。

3.探究：如何申请专利

设计意图

以问题解答形式，学习申请专利的基础知识。

（1）学生思考并回答下列问题。

A.发明人完成发明创造后会自动获得专利吗？

（答案：不会）

B.谁可以申请专利？

（答案：每个人都可以为自己的发明创造申请专利）

C.向哪个部门申请专利？

（答案：国家知识产权局专利局）

D.申请专利要提交什么资料？

（答案：发明、实用新型专利申请须提交的主要申请文件包括专利申请请求书、说明书、权利要求书等，外观设计专利申请须提交的主要申请文件包括专利申请请求书、外观设计图片或者照片、外观设计的简要说明）

E.一个同学想要申请专利，但考虑到申请过程比较复杂，想委托专业人员帮忙，可以吗？谁可以提供帮助？

（答案：可以；可委托专利代理机构申请专利）

（2）完成下列填空，具体内容见附1。

（附1答案如下）

设计意图

通过选择打“√”或“×”的形式，巩固专利申请要提交哪些资料的知识。

申请文件	发明	实用新型	外观设计
专利申请请求书	√	√	√
权利要求书	√	√	×
说明书	√	√	×
外观设计图片或者照片	×	×	√
外观设计的简要说明	×	×	√

4.探究：如何保护专利

（1）学生思考并回答下列问题。

A.如果自己的专利遭到侵权，怎样维护自己的权益？

（答案：权利人可通过行政途径或司法途径请求保护，以维护自身的合法

设计意图

通过问题解答，了解专利遭到侵权时的维权方法、侵权行为人应承担的责任。

权益）

B.侵权行为人应承担什么责任？

（答案：应承担民事责任、行政责任和刑事责任）

（2）请学生收集一些专利侵权的案例，并分组讨论分析：案例中专利权人的哪些权利受到了侵犯？

（答案：略）

设计意图

通过侵权案例介绍与分析，明白哪些属于侵权行为。学会分析、表达。

（三）拓展延伸

1.保护专利的实际行动

学生写一份保护专利的宣言、倡议书或者标语。例如，宣言：“让我们做一个具有创新意识和专利保护意识的新时代好学生。”

设计意图

联系实际，通过写宣言、倡议书或者标语的形式，培养学生的知识产权保护意识。

2.知识抢答竞赛

题目见附2。

（附2答案如下）

设计意图

通过知识抢答竞赛，活跃气氛，巩固知识。

（1）A.形状、构造的技术方案 —— 实用新型专利

B.产品、方法的技术方案 —— 发明专利

C.外观形状、色彩的设计 —— 外观设计专利

（2）A

（3）对

3.总结交流

谈一谈：通过这节课的学习，你最大的收获是什么？

设计意图

学生谈学习收获，学会总结、表达，内化知识。

（四）课外实践

（1）调查身边有哪些专利发明人及其发明。

（2）当学生完成一项发明创造后，鼓励学生尝试在家长、老师等帮助下自己申请专利，或委托专利代理机构申请专利。

设计意图

调查身边的专利发明人及其发明，发现身边的榜样；尝试申请专利，为学生获得成功体验创造条件。

附1：填一填

三种专利申请分别要提交什么资料，请在以下表格中打“√”或“×”。

申请文件	发明	实用新型	外观设计
专利申请请求书			
权利要求书			
说明书			
外观设计图片或者照片			
外观设计的简要说明			

附2：知识抢答竞赛题

（1）连一连：下列各项分别可申请哪类专利，请用线连起来。

A.形状、构造的技术方案	发明专利
B.产品、方法的技术方案	实用新型专利
C.外观形状、色彩的设计	外观设计专利

（2）选择：专利分为（　　）三种类型。

A.发明专利、实用新型专利、外观设计专利

B.发明专利、实用新型专利、商标专利

C.实用新型专利、外观设计专利、版权专利

D.实用新型专利、个人专利、集体专利

（3）判断：专利制度的核心是以新技术的充分公开换取专利权的法律保护，对吗？

解密商标[6]

商标就是我们通常说的“牌子”，它与人们的生活息息相关。但商标里面隐含着什么奥秘，它有什么经济价值，与企业的品牌发展有什么关系，学生不一定知道。如何帮助学生了解商标的基本知识，下面进行探讨。

一、教学目标

1.知识与技能目标

（1）知道什么是商标，包括商标的含义、构成要素。

（2）认识生活中的商标，了解商标的价值。

（3）了解商标的注册和保护。

（4）尝试设计商标。

2.情感与价值观目标

（1）识别商标，抵制假冒伪劣商品。

（2）在设计商标活动中感受自主创新的智慧与价值。

[6] 该教学设计来源：2008年11月20日全国中小学知识产权教育观摩研讨课教案。

二、教学过程

（一）情境引入

请学生说出自己喜欢的饮料品牌，引入商标（见图2.4）。

图2.4 刘志伟老师的知识产权示范课在中央电视台播出

设计意图

从学生选择喝的不同品牌的饮料，引入商标主题。

（二）学习探究

1.探究：什么是商标

（1）想一想：什么是商标？

商标是我们通常说的“________”。它是指商品的生产者、经营者或者服务的提供者为了________自己、________他人而在自己的商品或者服务上使用的具有显著性的________。

（答案：牌子；标明；区别；符号）

（2）写一写：商标可以由哪些要素构成？

设计意图

通过商标的通俗说法，让学生了解商标就在我们身边；通过填写商标的关键词，让学生了解商标的内涵。

商标可由____________、____________、____________等要素构成。

（答案：文字；图形；符号）

设计意图

通过填写商标由哪些要素构成，了解商标的外在表现形式，也为了解商标的种类打下基础。

（3）找一找：哪些标志不能作为商标使用？

请学生找出下列选项中根据法律规定，禁止作为商标使用的标志。

A.国名、国旗、国徽

B.军旗、勋章

C.带有民族歧视性的标志

D.公众知晓的外国地名

（答案：ABCD）

设计意图

让学生了解商标中禁止使用的标志，增加趣味性，拓宽学生知识面。

（4）比一比：谁认识的商标多？

A.学生挑战，根据老师给出的一大堆商标，看谁具体说出的商标名称最多。

B.学生列举自己身边常见的商标。

设计意图

从比赛中认识更多的商标，激发对商标的兴趣；寻找身边的商标，了解商标受欢迎的程度，也为理解商标的价值作铺垫。

2.探究：商标有什么价值

（1）讨论与交流：如果没有商标，消费者购买商品会出现什么后果？

（答案：消费者会很难区分商品的

质量，如果购买后发现商品存在质量问题也很难维护自己的合法权益等）

设计意图

帮助学生认识商标对人们选购商品、促进商品交易、品牌发展的影响以及商标具有的区分商品或服务来源的作用。

（2）商标是否可以给商标持有人带来经济效益？

（答案：可以）

设计意图

帮助学生理解商标的经济价值。

（3）猜一猜：茅台的品牌价值是多少？

（答案：根据“2020年BrandZ最具价值全球品牌100强”排行榜显示，茅台的品牌价值为537.55亿美元，位列榜单第18）

设计意图

举例说明品牌的价值，从中认识商标及品牌的重要性。

3.探究：如何获得商标

（1）思考与回答：我国主管商标注册和管理工作的部门是哪个？

（答案：国家知识产权局商标局）

（2）思考与回答：注册商标与未注册商标有什么区别？

（答案：使用注册商标可以在商品或包装上标明“注册商标”或者注册标记®，使用未注册商标则不可以）

设计意图

通过学习商标的主管部门，以及注册商标与未注册商标的区别，帮助学生了解如何获得商标。

4.探究：如何保护商标

（1）思考与回答：当商标被侵犯时，权利人如何寻求保护？

（答案：权利人可以寻求司法保护和行政执法保护。前者是向人民法院起诉，后者是请求市场监督管理部门处理）

（2）分析案例，我来当“小法官”。

A酒家生产的煎堆（又称麻团）市场销量很好，并注册了商标。B酒家假冒A酒家的煎堆商标在市场上销售自己的煎堆。A酒家为了保护自己的权益起诉B酒家。你若是法官，该如何判决？

> **设计意图**
> 从具体案例中学习怎样用法律武器来保护自己的合法权益。

（三）拓展延伸

1.设计商标

（1）做一做：我是小小设计家。

A.分组设计自己未来企业的商标。

B.各小组分别派代表向全班同学展示本组设计的商标，并介绍商标的含义。

> **设计意图**
> 鼓励学生动手设计，培养敢于创新、自信表达、团结协作的品质。

（2）评一评：谁设计的商标好？学生根据评价表进行自评和小组评价。

A.了解评价商标的标准。

B.评价商标，评出最佳商标奖。

> **设计意图**
> 明白评价商标的标准；培养学生围绕评价标准来陈述理由；学会评价，学会交流。

2.总结交流

谈一谈：通过这节课的学习，你学到了什么？有什么体会？

设计意图

学会总结、表达。

（四）课外实践

查找当地的著名商标（包括商标的名称、影响力等），与同学分享，并谈一谈自己的感受或看法。

设计意图

通过查找当地的著名商标，了解家乡的著名商标及品牌，培养热爱家乡的情感。

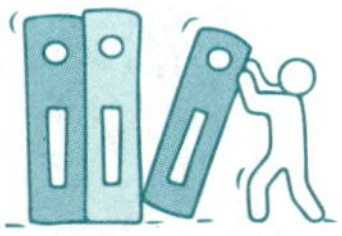

探究九江双蒸酒的商标保护和品牌发展

习近平总书记指出，要推动中国制造向中国创造转变、中国速度向中国质量转变、中国产品向中国品牌转变。今天的青少年是明天中国创造和中国品牌建设的生力军，今天的商标与品牌学习，必将为明天播下一颗创新和品牌意识的种子。如何利用当地的著名品牌、高新企业等资源优势，结合综合实践活动课和社会实践活动，开展具有地方特色的知识产权教育，下面提供一个参考方案。

一、活动目标

1.知识与技能目标

（1）调查九江双蒸酒商标争夺的过程，知道如何保护商标。

（2）调查九江双蒸酒品牌发展的过程，知道商标、自主创新对企业发展的影响。

（3）知道商标对品牌形成、产品销售的影响，了解商标和品牌的价值。

2.情感与价值观目标

（1）表明支持正品、拒绝假冒伪劣产品的态度，树立正确的消费观。

（2）认同商标和品牌的价值。

二、活动过程

（一）情境引入

观看九江双蒸酒企业生产和销售情况的相关视频（见图2.5）。

图2.5 佛山市南海区九江镇初级中学的同学们在九江酒厂参观调查

设计意图

了解九江双蒸酒企业的情况，引入主题。

（九江双蒸酒企业情况：著名商标、中华老字号企业、国家地理标志保护产品，年创税利超过人民币2亿元）

（二）学习探究

1.探究：九江双蒸酒商标争夺的过程

（1）调查1组的学生讲述九江“远航”牌双蒸酒与九江“珠江桥”牌双蒸酒争夺九江双蒸酒商标的故事，说明争夺的时间、原因、经过。

设计意图

通过聆听九江“远航”牌双蒸酒与九江“珠江桥”牌双蒸酒争夺九江双蒸酒商标的故事，让学生了解商标注册和商标保护的重要性。

（内容概述：1995年至2000年，市面上出现了两个“九江双蒸”，一个标着“珠江桥”牌，一个标着“远航”牌，瓶体形状和包装印刷都十分相似，并且两家企业都声称自己是正宗的“九江双蒸”。一个是广东省九江酒厂有限公司生产的“远航”牌九江双蒸酒，另一个是广东省食品进出口集团公司转由佛山市南海酒厂有限公司生产的“珠江桥”牌九江双蒸酒。双方在计划经济时代是同舟共济的合作伙伴，但后来在市场经济中因“九江双蒸”的权属问题双方展开了争夺。经过多年官司，法院以“远航”牌双蒸酒商标注册时间较先、“原产地域产品保护制度”等为由判决广东省九江酒厂有限公司胜出）

（2）让学生举手回答或通过随机抽号让学生回答自己对两家企业争夺九江双蒸酒商标的看法。

设计意图

学生谈自己的看法，了解商标对品牌形成、产品销售的影响。

2.探究：九江双蒸酒品牌发展的过程

（1）调查2组的学生讲述九江双蒸酒品牌发展的过程，主要包括技术研发、专利数量、主要品种、销售情况、经济创收等方面的内容。

设计意图

通过讲述九江双蒸酒品牌发展的过程，让学生了解商标和自主研发（创新）对企业发展的影响。

（2）学生观看九江双蒸酒创建品牌过程的录像，谈自己的感想与看法。

设计意图

观看录像，谈感想，认同自主创新、知识产权保护对品牌发展的影响。

3.探究：九江双蒸酒的品牌价值

学生先听介绍，再猜测："2020年BrandZ最具价值全球品牌100强"排行榜中，茅台的品牌价值为537.55亿美元。九江双蒸酒是广东省名牌产品，你猜猜九江双蒸酒品牌能值多少钱？

设计意图

了解品牌的隐性价值，从中认识商标及品牌的重要性；通过估计和猜测品牌价值，增加趣味性。

（三）拓展延伸

（1）猜一猜：市场上会出现假冒的九江双蒸酒吗？为什么？

设计意图

启发学生思考，如果市场监管不到位，个别不良商家受利益驱动等因素影响，可能导致出现假冒产品。

（2）角色扮演。

A.听故事，表态度：如果市场上出现了假冒的九江双蒸酒，你认为该企业负责人、公司职员、当地政府工作人员、法院或市场监督管理部门工作人员，各自需要怎么做？分小组讨论。

设计意图

通过角色扮演，调动学生参与，提高学习的积极性和有效性。

B.分小组进行角色扮演：分别扮演企业负责人、公司职员、当地政府工作人员、法院或市场监督管理部门工作人员，表明对假冒产品的态度和做法。

（3）说一说：如果购买时遇到假冒的九江双蒸酒，你的态度是什么？

（轮流说或按抽号顺序说）

设计意图

表明自己对假冒产品的态度，引导学生树立正确的消费观、道德观。

（4）谈一谈：通过这节课的学习，你最大的收获和体会是什么？

设计意图

学会总结、分享和表达。

（四）课外实践

利用节假日时间，以小组为单位到九江双蒸博物馆参观，了解该企业近三年自主研发的新产品。

设计意图

走进企业参观，实地感受当地酒文化和酒产品研发，从而培养热爱家乡的情感。

走近版权

日常生活中，我们阅读的小说、欣赏的电影、使用的地图都是法律意义上的作品，都拥有版权。什么是版权？如何培养学生的版权意识，使学生懂得保护原创、尊重版权？让我们一起走近版权。

一、教学目标

1.知识与技能目标

（1）了解版权的基础知识，包括版权的概念、种类。

（2）知道如何获得版权、合理使用版权和维护版权。

（3）认识生活中的版权，知道维护版权的意义。

2.情感与价值观目标

树立保护原创、尊重版权、拒绝盗版的意识。

二、教学过程

（一）情境引入

学生观看视频：打击侵权盗版的相关新闻报道。

设计意图

以新闻视频素材引出版权话题，激发学生的学习兴趣。

（二）学习探究

1.探究：什么是版权

（1）学习什么是作品，学生思考并回答下列问题。

下列哪些选项属于作品？

A.讲稿　B.歌曲　C.照片　D.钢笔

（答案：ABC）

作品是指具有_______性并通过一定形式表现或表达出来的______成果。

（答案：独创；智力）

设计意图

通过具体例子让学生了解什么是作品，为学习版权打下基础；通过填空关键词，让学生了解作品的关键要素。

（2）学习什么是版权，学生思考并回答下列问题。

版权即______，是指______、______、______作品的作者和相关权利人对作品及相关客体所享有的______权利。

（答案：著作权；文学；艺术；科学技术；专有）

著作权的内容，按性质可分为__________权和__________权。其中，著作人身权具体包括哪些权利？著作财产权具体包括哪些权利？

（答案：著作人身；著作财产；著作人身权具体包括发表权、署名权、修改权和保护作品完整权；著作财产权具体包括复制权、发行权、出租权、展览

设计意图

通过填空关键词，明确版权概念的内涵和外延；通过例子说明版权保护的主体。

权、表演权、放映权、广播权、信息网络传播权、摄制权、改编权、翻译权、汇编权等）

著作权法保护谁的权益？

A.作者　　B.作品传播者

C.著作权继承人　　D.领导者

（答案：ABC）

2.探究：版权保护的意义

（1）讨论与交流：如果你的作品被侵权，你会有怎样的感受？

（答案：难受，不想再创作了）

> 设计意图
>
> 从自身利益出发，思考保护版权的意义。

（2）思考与回答：保护版权对促进文化繁荣有什么作用？

（答案：有利于提高作者的积极性，激励创作，推动优秀文化成果不断涌现，丰富人民群众的文化生活，从而促进文化繁荣）

> 设计意图
>
> 认识版权保护对促进文化繁荣的作用。

3.探究：如何获得版权

学生思考以下问题，然后回答。

（1）作品一定要办理登记手续才能取得著作权吗？

（答案：不是。著作权自作品创作完成之日起产生，并受著作权法的保护，著作权登记并不是著作权产生的必

> 设计意图
>
> 通过问题解答，了解著作权登记的作用，知道著作权的保护期限。

要条件）

（2）既然著作权登记不是作品受著作权法保护的必要条件，那为什么还要鼓励作者进行著作权登记呢？

（答案：著作权登记是证明著作权权属最便捷的证据之一。例如，手机App在上架审核时，往往会被应用商店要求提供著作权权属证明，由于著作权登记的公信力较高，因此著作权登记证书较其他著作权权属证明材料而言，更容易被应用商店审核通过）

（3）如果没有办理著作权登记，当作品被侵权时，作者维权容易遇到什么困难？

（答案：作者要证明自己原始作者的身份比较困难，维权比较麻烦。在发生纠纷时，提供著作权登记证书，具有减轻举证负担、节约诉讼成本的优势）

（4）著作权的保护期限是多少年？超过了保护期限的作品，著作权归谁所有？

（答案：作者是公民的，著作权的保护期限至作者死亡后第50年的12月31日；作者是法人或其他组织的，著作权的保护期限至作品首次发表后第50年的12月31日。一旦超过保护期限，著作权将自行终止，作品即进入公有领

域，成为社会共同财富，社会公众可以无偿利用）

4.探究：如何合理使用他人作品

听讲解：合理使用他人作品，需要注意哪些方面的问题？

（答案：我国著作权法规定，合理使用他人作品，为了个人学习、研究、欣赏，或为了学校课堂教学、科学研究等非商业用途，可以不经著作权人许可，不向其支付报酬而使用他人已发表的作品，但应当指明作者姓名、作品名称、作品的出处等）

设计意图

了解合理使用的基本要求，达到知法的目的。联系实际，讨论在现实中如何合理使用他人作品。

5.探究：正版与盗版的利弊辩论

（1）学生了解辩论的规则和要求。

（2）学生分组辩论，各自陈述正版好或盗版好的理由，评出最佳辩手。

（3）老师总结，正版和盗版好比交通道路上的绿灯和红灯。绿灯时可以通行，红灯时则不能通行。只有大家遵守版权规则，才能鼓励创作、维持正常的创作秩序。

设计意图

明白辩论的规则和要求；通过辩论培养学生围绕问题用事实和案例来陈述观点，自圆其说的能力；老师通过强调尊重版权、支持正版，让学生辨别是非，树立正气，形成正确的价值观。

6.探究：版权维权

案例介绍：2014年4月琼瑶指控热播剧《宫锁连城》侵权，并将非法改编剧本的于正及四家公司告上法庭。原因在于《宫锁连城》的主要情节与故事脉络几乎全部抄袭《梅花烙》剧情。2014年12月北京市第三中级人民法院对琼瑶起诉于正等侵害著作权纠纷案一审宣判，判决《宫锁连城》侵犯了《梅花烙》的改编权，认定其人物关系及情节来源于《梅花烙》，令其停止传播，于正及四家公司连带赔偿原告人民币500万元。

（1）思考问题：你如何看待本案中原告和被告的行为？

（答案：本案中原告的著作权受到侵害，原告将侵权的被告告上法庭，是在用法律武器维护自己的合法权益）

设计意图

通过案例分析与探究，让学生懂得维护版权的道理，了解版权维权的途径。

（2）本案对我们有何启示？

（答案：被告的抄袭行为侵害了他人的著作权，应该受到法律的制裁。我们要合法使用他人作品，不可以侵权）

设计意图

让学生学会思考、学会评价，懂法守法。

（三）拓展延伸

1.保护版权的实际行动

学生写一份保护版权的倡议书或者标语。例如，倡议：“尊重版权，拒绝盗版，做一个具有版权意识的新时代好学生。”

设计意图

联系实际，让学生知道自己能够做什么，怎样做。

2.总结交流

谈一谈：通过这节课的学习，你的收获和体会是什么？

设计意图

学会总结、表达。

（四）课外实践

学生上网查找有关版权的知识或故事（例如，歌曲《喜洋洋》成功拍卖著作权；动画片《大头儿子和小头爸爸》著作权侵权纠纷案），与同学分享，并谈谈自己的感受或看法。

设计意图

学以致用，丰富和巩固知识。

解密植物新品种[7]

科学发现和发明创造永无止境，人类不断发现和培育植物新品种，一粒种子也有可能改变世界。今天培养学生科学发现、知识产权保护的意识，必将为明天播下一粒崇尚科学、热爱知识产权的种子。如何开展植物新品种教学，保护“一粒种子”的知识产权，下面提供一个方案。

一、教学目标

1.知识与技能目标

（1）知道什么是植物新品种、如何保护植物新品种。

（2）培养学生的创新思维和表达能力。

2.情感与价值观目标

（1）培养学生科学发现、知识产权保护的意识。

（2）培养学生关注和关爱身边植物新品种的情感。

[7] 该教学设计由佛山市南海区石门实验中学刘天荣老师提供，参考了国家知识产权局：《全国中小学知识产权教育示范读本（试用本）》，北京：知识产权出版社，2018年版，第80—81页。

二、教学过程

（一）情境引入

1.情境设计

学生聆听歌曲《栀子花开》。

设计意图

创设情境，激发学生了解植物的欲望。

2.情境设计

学生思考并完成下列问题。

（1）歌曲中的栀子花是我们身边常见的植物，它是不是植物新品种？

（答案：不是）

（2）以下哪种植物是植物新品种？

A.栀子花　　B.菠菜

C.桑树　　D.培矮64S水稻

（答案：D）

设计意图

与身边常见的植物对比，进行对植物新品种的初步判断，激发学习欲望。

（二）学习探究

1.探究：植物新品种的概念

（1）学生阅读《全国中小学知识产权教育示范读本（试用本）》（以下简称读本）第80页的事例分享5-1，回答下列问题。

A.美人榆是获得授权的植物新品

设计意图

认识具体的授权植物新品种；了解植物新品种获得授权后，当受到侵权时可以拿起法律武器进行维权。

种吗？

（答案：是）

B.如果其他生产企业想要生产和销售美人榆，需要征求品种权人的同意吗？

（答案：需要）

（2）学生阅读读本第81页“什么是植物新品种”的内容，回答下列问题。

A.植物新品种是指经过人工培育或者对发现的野生植物予以开发，具备__________、__________、__________和稳定性的植物品种。

（答案：新颖性；特异性；一致性）

B.我国《植物新品种保护条例》规定，完成育种的单位和个人对其授权品种享有__________权利，以__________给植物新品种提供特殊保护。

（答案：独占；品种权）

C.我国第一个申请并获得授权的植物新品种的名称是什么？是谁申请的这个植物新品种呢？

（答案：培矮64S水稻；袁隆平）

设计意图

通过填空，突出关键词，让学生明确植物新品种概念的内涵。

设计意图

了解品种权人的权利。

设计意图

介绍袁隆平领导的湖南杂交水稻研究中心培育的“培矮64S水稻”成为全国第一个申请并获授权的植物新品种。进行热爱科学、献身科学的思想教育。

2.探究：如何保护植物新品种

学生阅读读本第81页“植物新品种

权如何保护”的内容，回答下列问题。

（1）哪些行为是侵犯植物新品种权的行为？

（答案：未经品种权人许可，以商业目的生产或销售授权品种的繁殖材料，以及将该授权品种的繁殖材料重复使用于生产另一品种的繁殖材料的行为）

设计意图

明确界定侵犯植物新品种权的行为。

（2）侵犯植物新品种权的行为人要承担什么责任？

（答案：民事责任：停止侵权行为，赔偿损失；行政责任：相关部门可以责令侵权行为人停止侵权行为，没收其违法所得等；刑事责任：对情节严重、构成犯罪的假冒授权品种行为，可依照诈骗罪或者合同诈骗罪追究刑事责任）

设计意图

了解侵犯植物新品种权要承担的责任，包括民事责任、行政责任和刑事责任。

3.探究：认识和推广身边的植物新品种

（1）上网查询关于佛山植物园茶花的相关报道，找一找佛山植物园里有哪些茶花的新品种。

（答案：如迪士尼乐园、花露珍、并蒂嫦娥等茶花新品种）

设计意图

引导学生关注身边植物的新品种有哪些，培养学生关注植物新品种的情感。

（2）选择一种植物的新品种，根据其图片和特点，尝试对其进行介绍和推广。

设计意图

做植物新品种的宣传者、推广者和保护者。

（答案：如有观赏价值的新品种茶花包括：迪士尼乐园，特点是艳丽如火，鲜丽烂漫；花露珍，特点是花瓣略起皱，红白相间；并蒂嫦娥，特点是变异品种，并蒂而生）

（三）拓展延伸

1.标语设计和讨论评价

（1）学生进行保护植物新品种的标语设计。

设计意图

鼓励学生动手设计，敢于创新，自信表达。

（2）学生先分小组讨论自己设计的标语，然后小组发言，再互相评价。

［评价标准：科学性（20分）、创意性（30分）、趣味性（30分）、艺术表现力（20分）］

设计意图

了解标语设计的评价标准；通过小组发言和互相评价调动学生参与。

2.总结交流

谈一谈：通过这节课的学习，你学到了什么？有什么体会？

设计意图

学会总结、表达。

（四）课外实践

学生上网或到周边植物园、花卉生产基地等，收集相关植物新品种的资料，并与同学分享植物新品种的知识。

设计意图

学会调查、收集、分享。

03

成果展示

附录

不少青少年的科技创新发明获得国际、国内各级各类奖励，有的还申请并获得了国家专利。究竟这些发明有多神奇？难道可以与电灯、电话、汽车、飞机这些影响世界的伟大发明相提并论吗？可以肯定的是，少年时期的小发明虽然并不起眼，但它在青少年心中埋下的却是一颗渴望创新、热爱发明的种子。我们完全有理由相信，未来这群热爱发明创造的青少年中也许会诞生第二个伟大的爱迪生。本部分展示了一些师生发明创造的获奖或专利成果，供大家参考。

节水观根花盆

一、背景技术

给现有花盆植物浇水时，多余的水往往从花盆孔漏掉了。如果是现代高层建筑阳台，浇花时流下的水往往使楼下的居民叫苦不迭。在花盆的下面装个花盘，虽然可以解决浇水多余时的漏掉问题，但水中容易滋生蚊蝇。

二、发明内容

研发本实用新型的目的是提供一种可实现种花时少浇水，浇水时不会浪费水的花盆。具体地说，是一种适于家庭和公共场所栽培花草的花盆。为达到以上目的，本实用新型采取了以下对花盆的技术改造方案：花盆结构包括透明球形玻璃缸、透气腔、强力吸液条、基盆。它根据毛细管吸液、虹吸管输液等原理综合设计而成。节水观根花盆的结构图如图3.1所

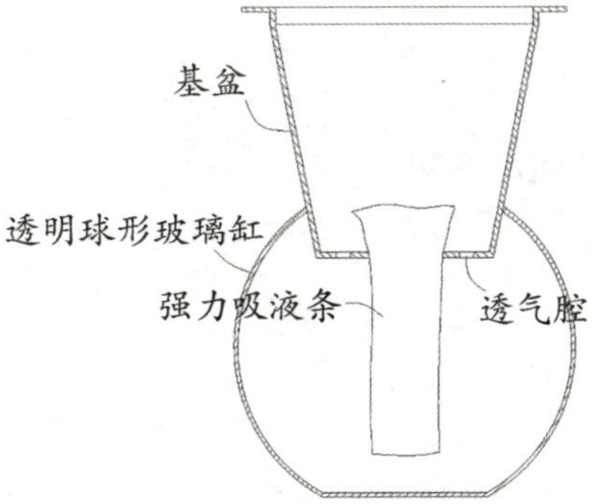

图3.1 节水观根花盆的结构图

示，实物图见图3.2。

图3.2 节水观根花盆的实物图（左为有土栽培，右为无土栽培）

三、工作原理

（1）节水、保水原理。节水观根花盆因为有盛水装置，可以保证浇水时把多余的水汇集到缸里，使水不会漏掉。同时又因水装在缸内，几乎没有水分蒸发，保水效果好。

（2）放大观根原理。透明球形玻璃缸的作用相当于一个凸透镜，根系在缸内，根毛始终成正立放大的虚像。

四、创新点

（1）在全国首次开发了适合于现代人的减少浇花次数、不浪费水的花盆，还可作为无土栽培的直观教具。

（2）在全国首次开发了可供初中生物课和小学科学课使用的观察根系生长、分布的直观教具。

（3）开发了一种可供家庭、学校和企事业单位等美化、绿化环境的花盆。

点评

本发明从日常生活和教育教学中发现问题，进行技术改进和实验探究。发明内容简单，制作和使用容易，有实用价值和教育价值，是科技辅导员以身立教，进行科教创新的好选择。

说明

本项目为笔者的科教创新作品，获国家专利，专利号：ZL200920050296.2；获第24届全国青少年科技创新大赛（辅导员项目）奖励；发表于《生物学教学》2009年第12期。

智能种植养殖系统

一、背景技术

种植和养殖是现代农业生产的重要内容。现有的种植和养殖系统是分开的、独立的，且养殖系统中的池塘大小是固定的，也没有智能化的管理。

二、发明内容

本发明是一种在智能手机环境下具备控制种植和养殖功能的装置系统，由种植系统、养殖系统和智能监控系统组成，并通过智能手机App

实时监控。其中，种植系统由种植槽、营养土壤组成；养殖系统由养殖槽、水循环系统组成；智能监控系统由滴灌控制装置、换水控制装置、净水装置、温湿度调控装置、摄像机及智能手机App组成。智能种植养殖系统的结构图如图3.3所示，实物图见图3.4。

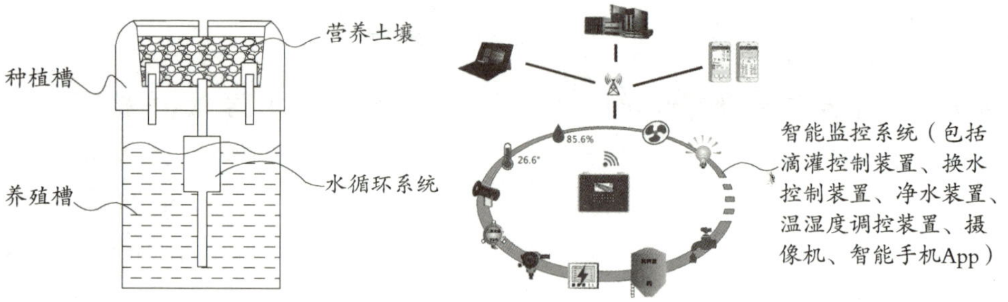

图3.3 智能种植养殖系统的结构图

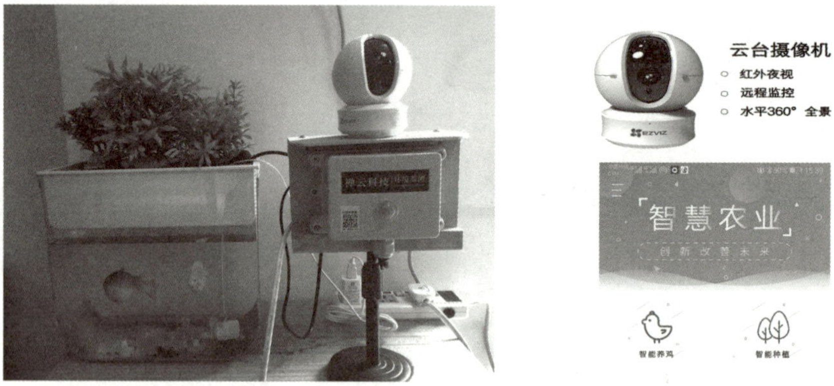

图3.4 智能种植养殖系统的实物图

三、工作原理

（1）智能监控及调节原理。智能手机App能通过物联网的监控系统实现对物体的实时监控，其中换水控制装置的水位控制器能自动检测水位而自动加水或关水；净水装置及水循环系统能将过滤后的水供向水道及养殖槽，实现水的净化和循环；温湿度调控装置能监控水体的温度和土壤的湿度。

（2）种植和养殖增产原理。种植槽或周边种植花卉、蔬菜的农田肥力，因水流动带来的鱼的粪便得到提高。养殖槽因水流动而增大面积，养殖体积提高。

四、创新点

（1）结构创新。第一，把种植和养殖功能的结构装置进行有机组合。第二，把滴灌控制装置、换水控制装置、净水装置、温湿度调控装置及摄像机进行有机组合，并与智能手机App在线连接。

（2）功能创新。第一，在固定的占地面积上同时完成种植与养殖，农田肥力因水流动带来的鱼的粪便而提高；养殖面积和体积因水流动而增大，经济效益得到提高。第二，运用智能手机对本系统进行实时监控，实现对种植和养殖的欣赏和科学管理。

点评

本发明把智能手机与现代种植和养殖的技术进行改造、结合，创造种植和养殖的新产品、新功能，具有先进性、创新性和实用性的特点。

说明

本项目发明人：学生卢星羽；指导老师：刘志伟；所在单位：佛山市南海区九江镇初级中学。本项目获第71届德国纽伦堡国际发明展金奖。

智能浇水施肥装置

一、背景技术

家庭种植的花卉要经常浇水施肥，如果有时人们忙起来忘记了，花卉就会长不好或死掉。本发明探索自动浇水和施肥装置，其能根据植物需要自动完成浇水和施肥。

二、发明内容

本发明为智能的浇水施肥装置系统，实现了智能化的全自动浇水和施肥，呵护植物健康生长。本发明装置包括肥料容器、供水器、控制器、土壤湿度感应器、土壤肥力测试器、定时器和在线土壤/基质肥力氮磷钾传感器（系统）。智能浇水施肥装置的结构图如图3.5所示，实物图见图3.6。

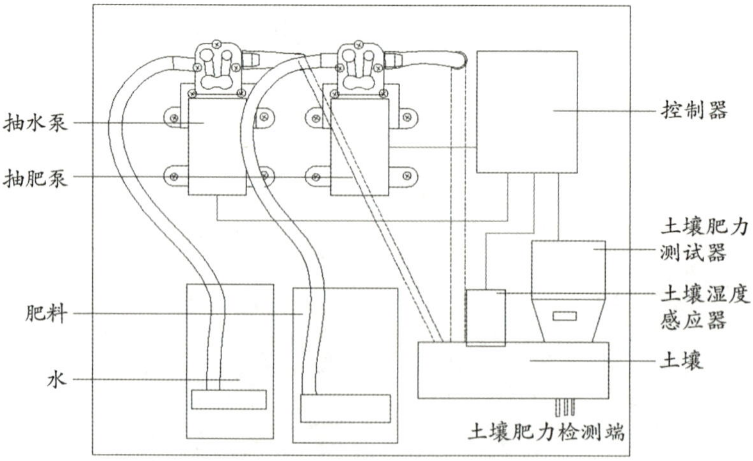

图3.5 智能浇水施肥装置的结构图

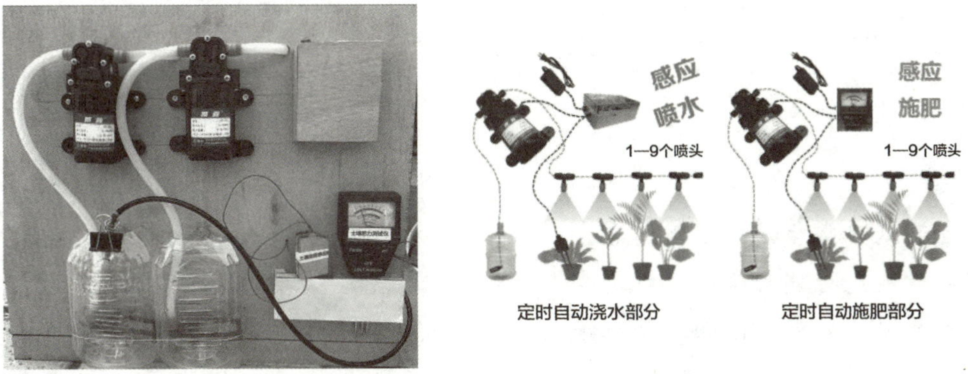

图3.6 智能浇水施肥装置的实物图

三、工作原理

（1）全自动浇水原理。全自动浇水，是因为有自动浇水器，它包括检测土壤湿度的感应棒、喷水装置和定时器。当土壤湿度小时（缺水），自动浇水器在许可时间里会自动喷水；当土壤湿度大时（不缺水），自动浇水器则不会喷水。

（2）全自动施肥原理。全自动施肥，是因为有自动施肥器，它包括土壤肥力测试器、施肥器、定时器和在线土壤/基质肥力氮磷钾传感器（系统）。当土壤缺肥时，自动施肥器在许可时间会自动施肥；当土壤不缺肥时，自动施肥器则不会施肥。在线土壤/基质肥力氮磷钾传感器（系统）能精准感知土壤中氮、磷、钾的含量，并实施精准施肥。

四、创新点

（1）结构创新。把土壤湿度感应器、供水器、控制器、土壤肥力测试器、肥料容器、定时器和在线土壤/基质肥力氮磷钾传感器（系统）进行有机组合，形成新的具有定时自动浇水和施肥功能的结构装置。

（2）功能创新。精准全自动定时浇水，保证土壤不会缺水；精准智能施肥，保证土壤不缺肥，特别是土壤中氮、磷、钾的含量能满足植物生长需求。

点评

本发明从日常生活中发现问题，指导学生进行实验探究，解决生产和生活中的实际问题，具有很好的先进性、创新性和实用性。

说明

本项目发明人：学生卢星羽、谭宏佳；指导老师：刘志伟、区坤开；所在单位：佛山市南海区九江镇初级中学。本发明已申请国家专利，专利号为ZL201710990903.2。本发明获第46届日内瓦国际发明展金奖。

智能晾衣架

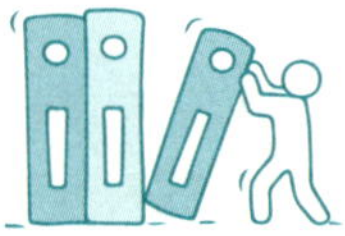

一、背景技术

现在常用的晾衣架一般是固定在阳台上，虽然有电动晾衣架，但是不够智能化，不能应对各种天气变化，而且晾衣效果往往不够好。

二、发明内容

本发明为智能晾衣架，解决了如何应对各种天气变化的问题，智能化地利用太阳光晾晒衣服，避免了下雨对晾晒衣服的影响。本发明主要由感应器（包括雨水感应器和温度湿度感应器）、电动晾衣架和智能蓝牙语音控制系统三部分组成。其中，雨水感应器由感应板、电路板、5V电池等组成；温度湿度感应器由感应探头、电路板、5V电池等组成；电动晾衣架内含3V电池、控制器开关、小电动机等；智能蓝牙语音控制系统由蓝牙接收器、控制板、电池等组成。智能晾衣架的结构图如图3.7所示，实物图见图3.8。

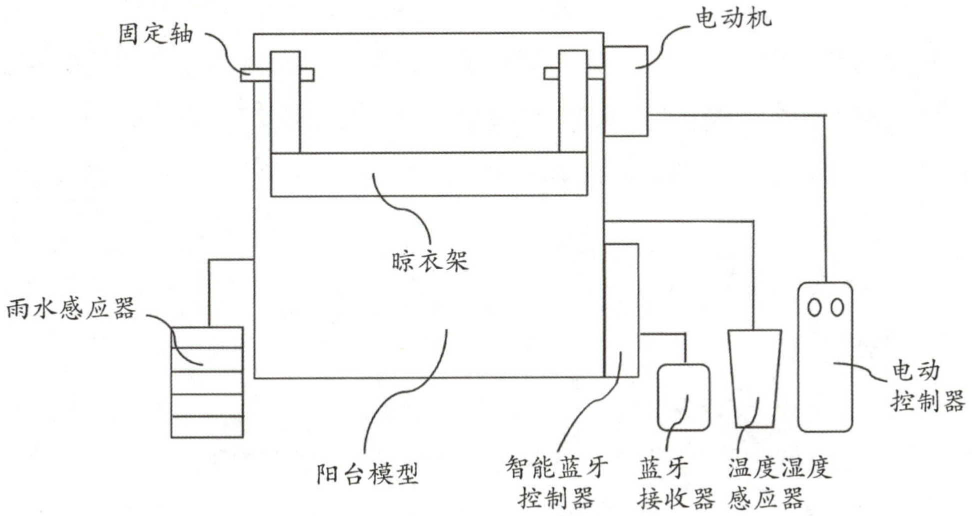

图3.7 智能晾衣架的结构图

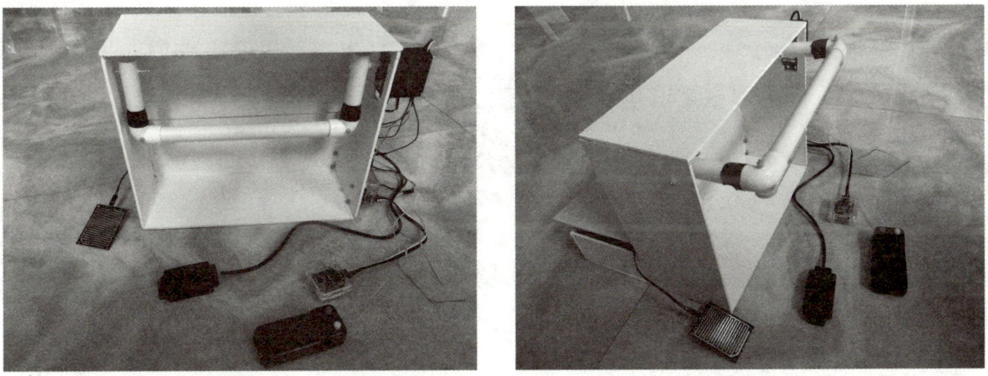

图3.8 智能晾衣架的实物图（左为晾衣架收回，右为晾衣架伸出）

三、工作原理

智能蓝牙语音控制系统连接手机蓝牙，可以接收手机语音指令，控制晾衣架伸出和收回；雨水感应器、温度湿度感应器都具有感应室外天气的功能。其中，当雨水感应器通过感应板感应到室外有雨水时，就触发电动机将衣架收回到阳台内；温度湿度感应器通过感应探头对室外的温度和湿度进行测定，判断阳光强度是否适合晾衣，从而选择是否触发电动机将衣架伸出到阳台外。电动晾衣架不仅可以手动控制，还可以通过蓝牙语音调整其伸出和收回，加上对雨水、温度和湿度的感应，从而实现晾晒衣服的智能化。

四、创新点

（1）结构创新。第一，把电动晾衣架和感应器装置进行有机结合。第二，把雨水感应器、温度感应器和湿度感应器的感应装置进行了有机组合。第三，把电动晾衣架和智能蓝牙语音控制系统进行了有机结合。

（2）功能创新。第一，将晾衣架电动伸缩和升降功能结合在一起，更有效率地进行晾衣。第二，增加雨水、温度和湿度感应器的感应装置，应对各种天气的变化，保障了晾衣的质量。第三，增加智能蓝牙语音控制系统，可以连接手机蓝牙接收手机语音指令，控制晾衣架伸出和收回，增加了便利程度。

点评

本发明从日常生活中发现问题，指导学生运用智能技术进行实验探究，解决生活中的实际问题，具有很好的先进性、创新性和实用性。

说明

本项目发明人：学生郭汶乐、谭钰禧；指导老师：刘天荣；所在单位：佛山市南海区石门实验中学。本发明获第7届澳门国际创新发明展金奖、第35届佛山市青少年科技创新大赛一等奖。

附录

附录A：关于全国中小学知识产权教育试点示范学校评定工作的通知

国家知识产权局办公室
教 育 部 办 公 厅 文件

国知办发办字〔2018〕38号

国家知识产权局办公室　教育部办公厅关于开展首批全国中小学知识产权教育示范学校及第四批全国中小学知识产权教育试点学校评定工作的通知

各省、自治区、直辖市及新疆生产建设兵团知识产权局、教育厅（委、局）：

按照《国家知识产权战略纲要》以及《深入实施国家知识产权战略行动计划（2014—2020）》的有关要求，2015年，国家知识产权局、教育部联合启动全国中小学知识产权教育试点示范工作。截至2017年底，已累计评定三批共112所全国中小学知识产权教育试点学校（以下简称“试点学校”）。根据《全国中小学知识产权教育试点、示范工作方案（试行）》，现开展首批全国中小学知识产权教育示范学校（以下简称“示范学校”）评定工作，拟从首批试点学校中评定不超过25所示范学校。同时，开展第四批试点学校评定工作，拟评定30—50所试点学校。

请各省（区、市）知识产权局会同教育厅（委、局）认真做好组织申报工作，于2018年12月26日前将相应申报表格加盖公章后连同电子件和其他需要补充报送材料的电子件报送至国家知识产权局办公室。国家知识产权局将联合教育部对相关学校进行评审，并选择部分学校实地调研考评。

各省（区、市）知识产权局、教育厅（委、局）重点承担对申报材料的审核责任，要确保申报材料完整、真实、准确。对申报材料弄虚作假的，经查实后，取消评定资格并取消示范试点学校称号。同时对相关省（区、市）知识产权局、教育厅（委、局）进行通报批评。

特此通知。

附件：1. 首批全国中小学知识产权教育试点学校名单
2. 全国中小学知识产权教育示范学校申报表
3. 全国中小学知识产权教育试点学校申报表

国家知识产权局办公室　　教育部办公厅

2018年12月7日

附录B：全国中小学知识产权教育示范学校申报案例介绍

全国中小学知识产权教育示范学校申报表

学校签章：

申报学校	佛山市南海区九江镇初级中学			
学校信息	通讯地址：佛山市南海区九江镇南方乡397号		邮编	
	校长姓名：陈海燕	电话		
	联系人姓名：刘志伟	电话及手机		
	传真：	电子邮箱		
教师情况	学校教师总人数：118人。 知识产权教师人数：6人，其中兼职教师人数5人。 兼职知识产权教师的教学：刘志伟和区坤开老师负责发明与专利申请、商标权教学，曾婉霞老师负责走进版权、商业秘密、地理标志教学，何伟平老师负责艺术创新与版权保护教学，孙启富老师负责校园创客队。			
学生情况	学校学生总人数：1580人。 接受知识产权教育的年级：初一、初二。 接受知识产权教育人数：1580人（初三学生在初一、初二已学）。			

学校所在地政府部门重视知识产权教育工作的情况

我校所在的佛山市南海区，是我国最早实施中小学知识产权教育改革的试验区。我校是全国首批中小学知识产权教育试点学校，是广东省首批中小学知识产权教育示范学校，也是南海区知识产权教育培训承办单位。自2002年以来，特别近三年当地知识产权和教育部门重视知识产权教育工作，每年下拨到我校的专项经费均超过人民币10万元，用于支持我校承办知识产权教育师资培训、师生发明比赛、专利申请和成果发表。政府还把知识产权成绩作为评选年度科技工作先进个人和单位的必备条件。我校多次被评为南海区科技工作先进单位。

学校领导对知识产权教育工作的重视情况及工作制度体系的建设情况

一、学校重视知识产权教育

我校把知识产权教育作为科技创新创客的重要部分内容，列入学校发展规划。学校成立科技处和创客教研组，进行教学常规检查和评价，保证科技创新和知识产权教育常态化。学校在教师绩效奖励中设立科技创新和知识产权教育专项奖，以鼓励教师知识产权教育的积极性。

二、努力构建知识产权教育工作制度体系

1.校领导负责日常教学管理

我校成立了知识产权教育领导小组，由科技处刘志伟主任具体负责实施知识产权教育日常管理工作。学期初制订学校知识产权教育工作方案，学期结束有知识产权教育工作总结。学校把科技创新和知识产权教育列入学校的发展规划和议事日程，有规划、监控和评价等一系列保障机制。

2.制定管理培养奖励措施

建立了科技创新和知识产权教育的考评制度和奖励制度，对在科技创新和知识产权方面取得成绩的教师和学生进行奖励和表彰。每年均评选年度创新少年和年度创新教师。

学校开展知识产权教育师资队伍培育的情况

一、重视科技教师队伍建设

我校现有专职、兼职从事科技和知识产权教育的教师6人，分别是刘志伟、曾婉霞、区坤开、何伟平、孙启富、梁海荣。其中刘志伟为知识产权教育的项目负责人。

二、抓好知识产权师资培训

我校知识产权教育的培训方式除“派出去、请进来”外，还通过专题研讨、教学沙龙等形式研究知识产权教育，也采取“给路子、压担子”方式，有意识地安排年轻教师讲授科技创新和知识产权教育课程。另外，我校通过承办各种知识产权教育研讨和培训活动，提高教师的创新和知识产权教育水平。

学校开设知识产权教育课程及教学用书的情况

一、开设课程教学

我校把知识产权教育纳入科技校本课程，在初一开设三节课，初二开设四节课。课程内容为：（初一）知识产权基本知识、发明与专利、走近商标；（初二）走近版权、植物新品种、商业秘密、地理标志。社团活动或比赛内容为：正版与盗版的利弊辩论、头脑奥林匹克创新（包含科技和艺术创新）、3D设计与创客、看我72变。我校学期初制订工作计划，落实专职指导老师、固定课时和内容。教学过程做到有组织、有计划、有调控。学期结束有总结与评价，有表彰、宣传与奖励。

我校的知识产权教育课程体系内容较完整，课程体系由基础型课程、兴趣型课程和特长型课程三种类型组成，呈“阶梯式”课程结构。每个课程包括课程目标、课程纲要、课程内容和课程评价等方面。

我校知识产权教育能按照“教育一个孩子，影响一个家庭，带动整个社会”的教育初衷和模式，做好普及宣传和家校联手教育。如科技校园文化打造中有专门的知识产权宣传专栏，并每年更新内容。组织学生到九江双蒸博物馆认识商标及商标注册过程，了解申报国家白酒地理标志、创新与知识产权保护等情况，也邀请名牌企业、高科技企业或专利发明人（家长）到我校参加“科技创客嘉年华”活动。

我校知识产权教育主要有两种途径：（1）镶嵌式教育。有意识地将知识产权知识镶嵌在日常教育教学中，不着痕迹地增强学生知识产权意识。如通过道德与法治课、科技课（校本课程）、信息技术课和综合实践活动课，在学科教学中渗透知识产权教育的知识、内容。（2）专项式教育。组织开展知识产权教育专项主题活动。比如举办面向初一、初二学生的“青少年知识产权保护”讲座，重点介绍专利方面的知识。

二、教学用书

我校知识产权教育的教学用书，除使用知识产权出版社出版的《知识产权教育读本（中级版）》和《知识产权基础知识》外，还使用自编的校本教材《知识产权读本》，本学期开始使用知识产权出版社出版的《全国中小学知识产权教育示范读本（试用本）》。

支持组织开展与知识产权教育相关的体验和实践活动情况

一、激励机制与制度

1.师生参与的奖励机制与制度

学校鼓励学生参加科技创新，对参加国内科技创新的学生免收辅导费、资料费、参赛费，对于获得国家专利和国家级奖励的学生优先评为年度科技创新标兵，并在校园宣传栏宣传和制作一个小牌子展示，为每位科技爱好者赠送《知识产权教育读本（中级版）》和《青少年科技创新实践》书籍。对知识产权教育老师有“三优先”制度，就是（在参与培训人员较多情况下）教师培训优先考虑、（在课程人员较紧的情况下）课程安排优先考虑、（在奖励资金较少的情况下）考核奖励优先考虑。

2.积极开展创新和发明大赛

我校积极组织学生参加科技创新和知识产权活动。主要活动内容有：（1）小发明家活动。成立了小发明家协会，在校本课程、协会活动和兴趣小组活动时开展活动。（2）参加全国创造力大赛。组织学生参加省和全国的青少年创造力大赛。（3）参加科技创新大赛。组织学生参加各级青少年科技创新大赛，参赛项目涵盖小发明、小论文、综合实践、动漫制作和科幻画。（4）科学体验活动。成立了科学体验协会，在校本课程、协会活动和兴趣小组活动时开展活动。（5）头脑奥林匹克创新活动。组织学生参加省和全国头脑奥林匹克创新活动。（6）在科技节进行了小发明、小商标、小论文、小演讲和歌颂创新合唱等比赛活动。其中班级合唱比赛主题为“一起创造”，演讲比赛主题为“我的发明梦想”。

3.各部门联手开展创新和知识产权教育

我校为发挥知识产权教育的综合育人效果，德育处、团委、教学处和科技处联手合作，齐抓共管。主要做法有：一是德育中的讲规矩、讲诚信教育，把讲规矩、讲诚信作为学生的日常行为规范加以落实（德育处和团委负责）；二是教学中的知识创新，把知识创新作为学科教学必备的拓展内容加以检查和考核（教学处和科技处负责）。

同时，我校为使科技创新和知识产权教育活动稳定、健康发展，落实项目负责人，落实主体责任，理清责任链条，拧紧责任螺丝，使知识产权教育活动扎实开展。

二、积极开展知识产权教学研究

1.教学研讨和研究

我校经常开展知识产权教育研讨课活动，围绕教学目标、教学内容、教学方法和教学效果等方面进行研讨，共同研究知识产权教育的科学性、可行性、有效性。

我校为探索知识产权教育规律，开展课题研究。主要课题有：“基于初中生创造力发展的知识产权教育实践”“农村初中知识产权教育的师资队伍建设研究”“农村初中知识产权教育的课程建设研究”“农村初中知识产权教育策略研究”“农村初中知识产权教育方法研究”。我校学生研究的课题有：“正版与盗版的现状调查研究”“自主创新与提高企业竞争力的调查研究”。

2.教研总结与交流

我校把知识产权教育列为学校教育教学研究的重要内容，努力探索在教育教学中如何实施知识产权教育的新策略、新方法和新途径，并多次组织交流和研讨，总结、形成并推广“十个一”知识产权教学模式。

3.知识产权教研产出

我校多次承办各级知识产权教育现场会、研讨会，也多次在各级现场会和培训会作经验介绍。近三年我校先后承办了全国知识产权教育调研活动、南方科技与创客教育论坛、南海区知识产权活动宣传日等活动。

我校提炼的多篇知识产权教育论文、案例在省级以上刊物和媒体发表，其中我校的“申报知识产权教育试点学校成功案例”入选知识产权出版社出版的《轻松发明》一书。

三、不断改善硬件设备

我校加大知识产权校园文化硬件建设，以支撑知识产权教育活动。建设了3D打印室、创客室、专利作品陈列室和专利成果展示墙，在校园中建设了科技大道、科技广场和科技长廊，其中科技大道增设了30个知识产权小牌子，以表彰我校获得专利和国家级以上奖励的学生。

学校开展发明创新、文艺创作等竞赛活动及组织师生参加省内外的发明创新比赛情况（活动名称、举办单位、参赛作品及获奖情况、专利授权情况）

一、积极开展发明创新、文艺创作等竞赛活动

我校积极组织学生参加发明创新、文艺创作等竞赛活动，近三年参加的省级以上活动主要有：青少年科技创新大赛、全国发明展览会、世界发明展、中国青少年创造力大赛、青少年科学调查体验活动、头脑奥林匹克创新活动（包括科技创新和艺术创新）。

二、发明创新比赛获奖或专利情况

三年来，我校学生参加各级科技类比赛获省级以上奖励超过100人次，其中获日内瓦国际发明展金奖3项，德国纽伦堡国际发明展金奖2项，连续三年获中国青少年创造力大赛团体金奖，连续二年获广东省中小学生创客大赛一等奖，连续三年获世界头脑奥林匹克中国区决赛一等奖。

三年来，我校100%的同学参加了知识产权学习，师生的小发明作品超过300件，其中15件作品申报了国家专利，5件作品获专利授权。

近三年我校部分发明创新获奖或专利情况列举如下（见表B.1）。

表B.1 我校部分发明创新获奖或专利情况

时间	项目和内容	获奖等级	主办单位/机构
2018年4月	第46届日内瓦国际发明展（作品：智能浇水施肥装置）	金奖	世界知识产权组织瑞士联邦政府
2018年4月	第46届日内瓦国际发明展（作品：百变花卉装置）	金奖	世界知识产权组织瑞士联邦政府
2016年4月	第44届日内瓦国际发明展（作品：智能生态养殖系统）	金奖	世界知识产权组织瑞士联邦政府
2018年11月	第70届德国纽伦堡国际发明展（作品：智能灭火器）	金奖	德国AFAG展览有限公司
2018年11月	第70届德国纽伦堡国际发明展（作品：智能共享卫生间）	银奖	德国AFAG展览有限公司
2017年11月	第69届德国纽伦堡国际发明展（作品：智能浇水系统）	金奖	德国AFAG展览有限公司
2018年3月	国家“万人计划”领军人才（教学名师）		中组部、教育部
2017年11月	第22届全国发明展览会（作品：交通指示灯）	金奖	中国发明协会
2017年11月	第22届全国发明展览会（作品：智能风扇）	银奖	中国发明协会

续表

时间	项目和内容	获奖等级	主办单位/机构
2017年11月	中国宝武青少年发明奖		中国发明协会
2018年9月	第10届国际发明展览会（作品：防盗锁具）	铜奖	中国发明协会
2017年7月	第18届全国中小学电脑制作活动（创意智造项目）	二等奖	中央电化教育馆
2018年5月	第13届全国青少年未来工程师博览与竞赛	二等奖	中国教育科学研究院
2016年2月	第37届世界头脑奥林匹克中国区决赛	一等奖	中国头脑奥林匹克协会
2017年2月	第38届世界头脑奥林匹克中国区决赛	一等奖	中国头脑奥林匹克协会
2018年3月	第39届世界头脑奥林匹克中国区决赛	一等奖	中国头脑奥林匹克协会
2016年4月	第12届中国青少年创造力大赛	金奖	中国智慧工程研究会
2017年5月	第13届中国青少年创造力大赛	金奖	中国智慧工程研究会
2018年5月	第14届中国青少年创造力大赛	金奖	中国智慧工程研究会
2017年10月	发明专利（作品名称：智能环保生态养殖水池，专利号：ZL201710067020.4）		国家知识产权局
2017年10月	实用新型专利（作品名称：一种限速减速装置，专利号：ZL201710991741.4）		国家知识产权局
2017年10月	发明专利（作品名称：智能浇水施肥装置，专利号：ZL201710990903.2）		国家知识产权局
2018年10月	实用新型专利（作品名称：智能交通灯，专利号：ZL201811028889.9）		国家知识产权局
2018年10月	实用新型专利（作品名称：百变花卉装置，专利号：ZL201820769788.6）		国家知识产权局

三、知识产权教育的其他实际效果

1.教育质量显著提升

近三年通过知识产权教育，有效促进了学生的创造力开发，学生的创新意识和能力增强，教育质量持续发展。学生升高中重点入学率连续三年名列南海区公办学校第一名，学生参加南海区中学生综合能力大赛获一等奖，参加各类科技创新比赛的参赛率和获奖率均稳居省市前列。近三年学校被评为全国STEM教育2029创新行动计划领航学校、全国青少年三维创意设计示范校、广东省科技教育特色学校。

2.师生知识产权意识提升

近三年我校师生知识产权意识提升，据资料调查和观察资料显示：学生讲诚信、守规矩的比例大了，抄袭作业和说谎行为的比例小了。学生尊重知识、崇尚创新的意识提高了。有的家长受到学生的影响更加讲信誉、讲诚信，买商品讲究品牌、正品，开公司、办企业更加注重商标注册和专利申请。

3.创新环境改善

我校努力推进创新创客教育品牌建设。近三年利用政府扶持科技特色建设专项资金150万元，新建了创客室、科技成果（包括专利墙）展览室、科技广场等硬件设施，在科技大道设立了52个校园小科学家、专利作品介绍的小牌子，努力营造科技创新和知识产权教育文化氛围。

我校充分利用校园文化宣传知识产权。利用科技报、校园电视台、墙报、广播站、校园网等宣传知识产权，努力营造浓厚的尊重知识、崇尚创新和遵纪守法的校园知识产权文化氛围。科技长廊的科技和知识产权知识宣传内容主要有知识产权介绍，影响人类社会发展的三大科技发明史，历届获国家最高科学技术奖的科学家事迹；科技广场建造了爱迪生、爱因斯坦和詹天佑等十二位中外大科学家雕塑；科技大道展现了我校历届科技节和各项科技活动的精彩镜头。评选了校园科技之星和小院士，并为科技之星制作了一个宣传牌子，展现了每个人所获专利的内容和发明者的头像。

4.社会评价提升

我校知识产权教育得到社会各界好评。近三年来我校创新和知识产权教育成果受到兄弟学校的青睐，每年接待前来参观交流的老师和社会各界人士超过1000人次，受到各级领导的肯定和社会各界的好评。近三年来我校科技和知识产权教育做法及经验在市级以上媒体报道超过20次。其中中央电视台报道3次，《中国教育报》报道1次，《南方日报》《南方都市报》《广东教育》等媒体报道多次。我校刘志伟老师被推荐为广东省知识产权研究会中小学知识产权与创新教育专业委员会副主任。现将近三年我校知识产权教育在省级以上作经验介绍或媒体报道的情况列举12项如下（见表B.2）。

表B.2 我校知识产权教育在省级以上作经验介绍或媒体报道情况

时间	项目和内容	主办单位
2018年6月14日	全国中小学知识产权教育师资培训班作专题讲座（内容：如何实施知识产权教育）	国家知识产权局
2018年11月21日	12省中小学知识产权教育师资培训班作专题讲座（内容：中小学知识产权教育方法）	湖南省知识产权局
2018年12月6日	全国中小学知识产权教育师资培训班作专题讲座（内容：中小学知识产权教育课程设计和教学方法）	重庆理工大学重庆知识产权学院
2016年10月27日	四川省中小学知识产权教育师资培训班作专题讲座（内容：如何实施知识产权教育）	四川省知识产权局
2018年10月16日	新疆生产建设兵团中小学知识产权教育师资培训班作专题讲座（内容：如何实施知识产权教育）	新疆生产建设兵团知识产权局
2018年10月18日	内蒙古自治区中小学知识产权教育师资培训班作专题讲座（内容：如何实施知识产权教育）	内蒙古自治区知识产权局
2016年4月12日	我校承办全国中小学知识产权教育调研会，并作专题经验介绍（内容：开展知识产权教育的实践探索）	国家知识产权局
2018年4月17日	参加中央电视台少儿频道（CCTV-14）《看我72变》的节目录制	中央电视台
2017年11月23日	《新闻联播》中播出我校学生在全国发明展览会的作品	中央电视台
2018年4月18日	《新闻联播》中播出我校学生在日内瓦国际发明展的获奖情况	中央电视台
2017年3月	入选《轻松发明》一书的案例（内容：申报知识产权教育试点学校成功案例）	知识产权出版社
2018年9月	《知识产权教育怎样破题》	《中国教育报》
2018年11月	《厉害！在世界历史最悠久国际发明展上，南海两学子收获两项大奖》	《南方日报》
2017年10月	《追求卓越科技兴校，创新驱动品质育人——佛山市南海区九江镇初级中学“科技教育”特色办学探幽》	《广东教育》

<table>
<tr><td colspan="3">学校对其他中小学校开展知识产权教育的示范带动情况
我校在创新和知识产权教育方面发挥示范带动作用，多次承办各种现场会，作经验介绍和专题讲座。近三年承办的现场会主要有：2017年承办“科技及创客教育南方论坛”，2016年和2018年承办全国中小学知识产权教育调研及师资培训活动和佛山市南海区知识产权教育主题日活动。近三年我校刘志伟老师应邀在省级以上作专题讲座超过10场次，主要有：在全国中小学知识产权教育师资培训班、四川省中小学知识产权教育师资培训班、内蒙古自治区中小学知识产权教育师资培训班、新疆生产建设兵团中小学知识产权教育师资培训班等作专题讲座和经验介绍。在省内外指导或上示范课的主要还有：在河南省新乡市中小学知识产权教育师资培训班作专题讲座，在四川省旺苍县、广东省肇庆市封开县上知识产权示范课。</td></tr>
<tr><td rowspan="3">省（区、市）工作情况
（该栏由省知识产权局填写）</td><td colspan="2">正在开展省级中小学知识产权教育试点示范工作
□是　启动时间：　　　年　　月
□否　计划启动时间：　　年　　月</td></tr>
<tr><td colspan="2">参与省级中小学知识产权教育试点示范工作的单位有：
知识产权局、__________、__________、__________</td></tr>
<tr><td colspan="2">已评定的省级试点学校的数量：______所
已评定的省级示范学校的数量：______所
计划到2020年评定的示范学校的数量：______所</td></tr>
<tr><td colspan="2">省（区、市）知识产权局

盖章
年　月　日

联系人：
电话：</td><td>省（区、市）教育厅（委、局）

盖章
年　月　日</td></tr>
</table>

申报案例点评

全国中小学知识产权教育试点示范学校的评分参考标准为：（1）工作体系和制度建设（10分），主要内容包括：学校领导负责日常教学管理，制定管理培训奖励措施；（2）师资队伍（15分），主要内容包括：专兼职师资队伍和师资培训；（3）课程设置和体验活动（20分），主要内容包括：教学资源利用，教学设计，普及宣传及体验活动，必要硬件建设；（4）激励制度与机制（15分），主要内容包括：学生参与的激励制度及机制，活动参与及获奖的师生奖励制度，大赛参与；（5）教学研究（10分），主要内容包括：教学研讨，教研总结与交流，知识产权教研产出；（6）实际效果（25分），主要内容包括：教育质量提升，师生意识提升，环境提升，社会评价提升；（7）其他（5分），主要内容包括：参与政府相关活动，学生取得专利及奖项。

本申报表紧扣评分标准和各项目提示要求，逐条清晰列出，既有观点又有数据支撑，有血有肉，有理有据。如为了说明创新环境改善这一观点，列举了“我校努力推进创新创客教育品牌建设。近三年利用政府扶持科技特色建设专项资金150万元，新建了创客室……”等论据。故佛山市南海区九江镇初级中学成功被评定为首批全国中小学知识产权教育示范学校（见图B.1）。

图B.1 广东省知识产权局原副局长谢红（左）为九江镇初级中学颁发示范学校牌匾

附录C：基于初中生创造力发展的知识产权教育实践成果报告[8]

一、问题的提出

随着知识经济时代的到来，具备知识产权意识和创新精神是未来个人发展必备的核心素养。今天的青少年如果缺少知识产权教育，就会缺乏知识创新和知识保护的意识、能力和习惯，很难真正融入“大众创业，万众创新”的社会氛围，很难成为具有诚信道德观和价值观的合格公民。2002年，佛山市南海区在全国率先开展中小学知识产权教育试点工作，我校作为试点示范学校加入了此项教育改革行列。2004年以来，我校承担了国家知识产权局软科学研究项目“中小学知识产权教育相关问题研究”和教育部国家重点课题“影响中小学生创造力发展的个体、环境因素及其作用机制的纵向研究”的子课题，全面开启知识产权教育研究。

本项目实践是不断提出问题、探索问题和解决问题的过程。从开始的知识产权教育内容、教育评价研究，到后来的知识产权教育途径、教育方法、教育模式研究，再到后期的知识产权与创新教育的体系构建研究，不断拓展和丰富知识产权教育内涵，助推以培养学生创新精神为核心的素质教育发展。

二、解决问题的过程与方法

（一）解决问题的过程

本项目解决问题的过程见表C.1。

[8] 本成果获2019年广东省教育教学成果奖（基础教育类）一等奖。

表C.1 解决问题的过程

起止时间	阶段任务	工作要点
2004年9月至2005年1月	启动阶段：提出问题，制订方案，组建团队	提出问题：如何开展知识产权教育
		提出“创新驱动，创新发展”的办学策略，进行知识产权教育的可行性分析，提出实验假设
		成立课题研究小组，制订课题实施方案和项目发展规划
2005年2月至2006年7月	实施阶段：校本课程开发，教师队伍建设，保障体系建设	建设保障体系
		开发知识产权校本课程
		建设知识产权与创新教育师资队伍
		研讨和交流，探讨教育规律
2006年8月至2009年7月	深入实施阶段：完善内容，评价内容，充实内容	完善知识产权教育内容
		完善运行机制和激励机制
		进行内容评价和效果评价，充实调整内容
2009年9月至2010年2月	总结验收阶段：总结经验，提炼成果，鉴定成果	完成调查报告
		提炼成果，形成研究论文、案例和研究报告
		进行课题结题鉴定
2010年3月至2019年6月	检验推广阶段：成果推广和检验	召开成果推介会和经验交流会，发表研究成果
		向全国各地推广经验和做法
		检验项目效果，根据实证效果修正工作

（二）解决问题的方法

1.做好顶层设计

制订学校知识产权与创新教育发展规划，建立组织管理机构和教研制度。

2.项目推动发展

实施项目责任制，分块负责开发课程项目，拧紧责任螺丝。同时，为避免单打独斗，分享智慧和成果，创建以项目为纽带的知识产权与创客工作室，共同开发和共享课程资源。

3.建设评价和激励机制

把知识产权教育纳入专项管理，有检查和考核。在教师绩效奖励中设立专项奖以奖励知识产权教育及科研成果。对在科技创新活动中表现优秀和取得优异成绩的学生给予奖励，如设立创新之星奖、科技标兵奖、小实验家奖，并在校报、校园之窗等给予宣传。

三、成果的主要内容

（一）主要观点

（1）知识产权教育是发展学生创造力的重要载体。普及知识产权知识，能推动知识创新、激发思维创新、培养创新人格，十分有利于培养学生的科学素养。本项目实践有效发展了学生科学素质，对培养创新型人才具有借鉴作用。

（2）本项目构建了知识产权教育体系（见图C.1），包括保障体系、课程体系、实施体系。其中保障体系包括组织保障、制度保障和后勤保障；课程体系包括学科教学课程、活动拓展课程、社团兴趣课程；实施体系包括“1234”教育模式、“五个化”操作措施、“十个一”活动形式。

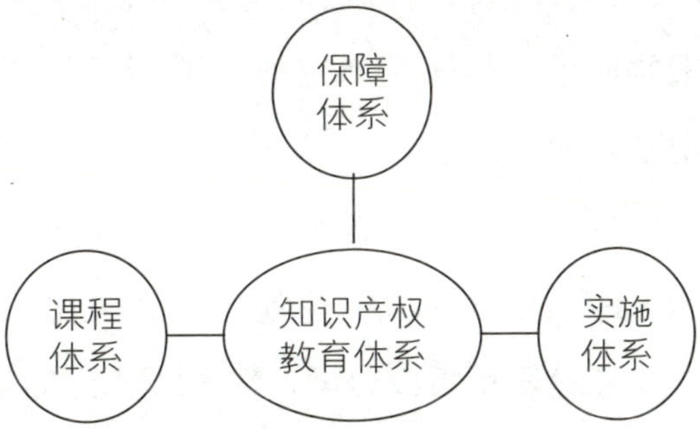

图C.1 知识产权教育体系

（3）本项目构建的知识产权教育体系，经过六年实践探索、九年实践检验和成果推广，在我国产生了重大影响，对我国实施知识产权教育起到了示范引领作用。

（二）教育体系

1.保障体系

（1）组织保障：成立科技处和创客教研组，配备专职和兼职教师；（2）制度保障：制定教育教研评价标准及其奖励制度，如在教师绩效奖励中设立专项奖，对在科技创新活动中表现优秀和取得优异成绩的学生给予奖励；（3）后勤保障：配备知识产权和创新教育的设施设备，如配备创客空间、专利作品展示栏。

2.课程体系

开发了以学科教学为主，以创新社团活动、主题班会课和创新竞赛为辅的课程体系。主要包括学科教学课程、活动拓展课程、社团兴趣课程。

3.实施体系

构建了“1234” 教育模式；采取了“五个化”操作措施；实施了“十个一”活动形式。具体内容如下。

（1）构建了“1234”教育模式。该模式可以概括为1个抓手、2个平台、3类课程、4种机制。其中，1个抓手是指把知识产权作为创新教育一个重要抓手，将知识产权教育贯穿于创新教育的各个环节，使知识产权价值观嵌入学生核心素养培养，助推学生创新发展。2个平台是指孵育平台和展示平台。孵育平台是利用创客空间的有利条件进行设计、制作和创作。展示平台是把创新成果专利化、产权化，如发明作品申请专利、文艺作品进行公开发表和版权登记。3类课程是指学科教学类课程、活动拓展类课程和社团兴趣类课程。学科教学类课程是指在学科教学中有机嵌入知识产权相关内容。活动拓展类课程是指拓展知识产权的校本课程，如创新体验、观摩活动、比赛宣传。社团兴趣类课程是指学校学生社团、兴趣小组的课程设置。4种机制是指常态机制、内驱机制、融合机制和保障机制。常态机制是指把知识产权作为学校科技创新教育工作的重要组成部分，进行常态管理。内驱机制是指把知识产权教育作为教师自身专业发展的新内容和新途径，要求教师自我学习和发展。融合机制是指把知识产权融合到教学、德育和团委工作的方方面面，齐抓共管。保障机制是指知识产权教育的组织保障、制度保障和后勤保障。

因为“1234”教育模式的抓手、平台、课程和机制共同组成了知识产权教育的四个支撑系统，因此我们也把这种教育模式称为“四位一体”的实施系统，用图C.2表示。

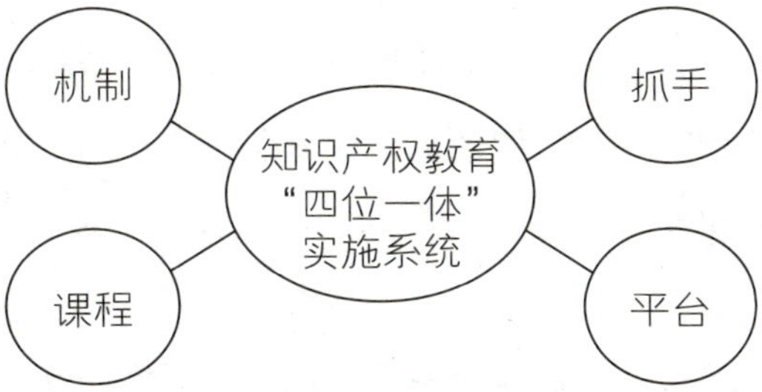

图C.2 “四位一体”的实施系统

（2）采取了“五个化”操作措施。这“五个化”分别是：第一，创新课程常规化。把创新课程纳入常规要求，进行常规检查与评比。第二，辅导培训经常化。经常开展创新辅导和培训，不断张扬创新个性。第三，竞赛活动多元化。通过多渠道、多形式、多途径开展知识创新活动。第四，表彰奖励制度化。对优秀的创新表现和成果进行定期的表彰和奖励，以激励师生的创新热情，如年度创新标兵、年度创新班级的评比和表彰。第五，创新成果产权化。鼓励师生把创意创新点子、作品申请专利，把文艺创作作品进行署名发表和版权登记。

（3）实施了“十个一”活动形式。这“十个一”分别是：讲一讲、找一找、走一走、议一议、做一做、听一听、赛一赛、评一评、唱一唱、奖一奖。具体内容包括：讲一讲，讲身边专利发明或企业品牌发展的故事；找一找，找自己身边有哪些著名商标和专利发明人；走一走，采访当地的品牌企业、专利发明人；议一议，对正版和盗版展开讨论；做一做，进行小发明、小商标设计等活动；听一听，请专家进行知识产权专题讲座；赛一赛，开展知识产权知识和创新比赛；评一评，谁是知识产权宣传和保护标兵；唱一唱，唱响科技创新和知识产权保护赞歌；奖一奖，奖励创新和发明的优秀学生。

（三）实施策略

1.制订教育目标

把知识产权教育的总目标（包括培养学生知识产权意识、提升学生创新实践能力和塑造学生知识产权价值观）进行年级目标细化，制订切实可行的知识产权教育年级分解目标，具体见表C.2。

表C.2 知识产权教育年级分解目标

目标体系		年级目标	
目标层	准则层	七年级	八年级
创造潜力（发展目标）	能力提升	发展创新情感、兴趣、创新思维	发展创新思维、创新素质
知识产权素养（过程目标）	知识掌握	了解知识产权基本知识	初步运用知识产权知识
	行为规范	建立行为约束、规范养成	确立自我管理与自我教育
	品德发展	形成尊重创造、守法意识	形成自律诚信、法治观念
	意识培养	启发知识产权意识	增强知识产权意识
价值观（基础目标）	尊重知识、崇尚创新、诚信守法	初步树立知识产权文化	强化认同知识产权文化

2.优化教育方法

（1）镶嵌式教育法。有意识地将知识产权的知识镶嵌在日常教育教学工作中，不着痕迹地增强学生知识产权意识。如道德与法治老师、科技老师在学科教学中渗透知识产权教育的知识、内容，提高学生对知识产权的认识。

（2）专项式教育法。组织开展知识产权教育专项主题活动。比如，给初一、初二学生举行《走近知识产权》讲座，组织开展对身边侵犯著作权行为的调查。

3.采取相应做法

一是德育中的讲规矩、讲诚信教育，把讲规矩、讲诚信作为学生的日常行为规范加以落实；二是教学中的知识创新，把知识创新作为学科教学必备的拓展内容加以检查；三是创新成果的保护和转化，如鼓励文章发表、申请专利。

（四）课程体系

本项目成功构建了知识产权校本课程体系，主要内容包括课程设置、课程目标、课程内容和课程评价等。具体说明如下。

1.课程设置

将知识产权教育纳入学校的工作计划，开设必修课、选修课，逐步形成知识产权教育的课程体系。在科技校本课程中 ，规定一学年开设3—5节知识产权课程。把科技课作为学生必修课，初一每周一节，初二每两周一节，由专职和兼职的科技教师担任。教材为《科技与创新》校本教材 、《知识产权教育读本（中级版）》 。

2.课程目标

（1）普及学习知识产权基础知识。

（2）提高知识产权意识，培育知识产权文化。

（3）培养学生尊重创造、崇尚创新的情感。

3.课程内容

把知识产权教育纳入学校的课程体系。具体课程内容和教育目标见表C.3。

表C.3 知识产权教育的课程内容和教育目标

主题单元	课程内容	教育目标
知识产权基本知识	什么是知识产权； 知识产权与我们息息相关	知识和能力：知道知识产权概念、知识产权的主要特征。 情感态度价值观：认同知识产权的重要性，培育崇尚创新的情感
发明创造与专利保护	发明与专利的概念； 如何发明； 如何申请专利	知识和能力：知道发明与专利的含义，了解发明创造和专利申请的方法。 情感态度价值观：培养创新精神和知识产权保护意识
解密商标	身边的商标； 商标与商标权； 商标的价值	知识和能力：知道商标的含义、构成要素和价值，懂得设计商标、注册商标和维权方法。 情感态度价值观：识别商标，抵制假冒伪劣商品

续表

主题单元	课程内容	教育目标
走近版权	版权的基础知识； 版权的获得、使用和维护； 生活中的版权	知识和能力：认识版权的基础知识，知道如何获得版权、合理使用版权和维护版权。 情感态度价值观：树立保护原创、尊重版权、拒绝盗版的意识
我们的创新行动	调查身边的发明故事； 调查当地品牌企业自主研发的情况； 我的小发明和小实验	知识和能力：尝试调查研究、科学实验、报告撰写等科学研究；提高信息收集、资料分析的能力；尝试小发明，提高创新和实践能力。 情感态度价值观：培育崇尚创新的情感、提高创新意识

4.课程评价

知识产权课程不是一门独立的课程，不能作为一个学科去评价，但应作为一个重要内容在学科教学课程、社团拓展课程和活动课程中去评价。对教师评价以教师自我评价和科组评价为主，评价内容从教学设计、教学实施、教学反思和教学创新等方面考虑，并公布情况。

（五）学术贡献

本研究形成的具有实践指导意义的报告、论文、教材和教学案例，从理论上丰富了知识产权教育内涵。本研究成果多次在全国各地知识产权教育师资培训班作为专题讲座和经验发言的资料，多次被中央电视台、《中国教育报》等国家级媒体报道，在全国具有领先地位。

1.研究报告

本课题研究报告，总结了本项目的主要做法和经验，多次在省级以上获奖。我校学生实践报告作品《我们保护知识产权行动》获第24届广东省青少年科技创新大赛一等奖。

2.论文

本课题研究论文超过10篇在省级以上刊物发表或获奖。其中2019年5

月刘志伟老师的论文《创新点亮教育》发表于《中国教育报》，2010年2月论文《头脑奥林匹克的创新实践研究》和《开展知识产权学习，促进创新发展》分别获全国基础教育课程改革综合实践活动成果评比一、二等奖。

3.教材和专著

本课题研究成果出版了教材和专著3本。其中2015年10月《青少年科技创新实践》由清华大学出版社出版，2018年3月《农村初中科技教育创新之路》由吉林大学出版社出版。

（六）成果创新点

1.理念创新

将知识产权价值观、文化观嵌入学生核心素养培养中。把以往过多关注知识掌握转变为重点关注核心素养发展。

2.课程创新

开发了以学科教学为主，创新社团活动、主题班会课和创新竞赛为辅的课程体系。课程体系包括学科教学课程、活动拓展课程、社团兴趣课程。

3.实践创新

（1）成功构建了知识产权教育体系，包括保障体系、课程体系、实施体系。（2）成功构建了知识产权教育实施体系，包括“1234” 教育模式、“五个化”操作措施和“十个一”活动形式。

4.价值创新

通过知识产权教育，同学们形成了尊重知识、崇尚创新的意识，实现了 “教育一个学生，影响一个家庭，带动整个社会”的社会价值。

（七）相关成果

本实践研究，形成了一系列有价值的物化成果，如创新作品、专利作品、创新设施设备、教学案例、课件、视频等。

本实践研究，形成了一系列非物化成果，如尊重知识、崇尚创新、诚信守法的知识产权文化深入师生心中，尊重创新、诚实守信的文化氛围渐成风尚。

四、效果

（一）实践效果

本项目实践达到了普及知识产权知识，培养知识产权意识，树立知识产权理念的教育效果，得到了世界知识产权组织和国家知识产权局领导的充分肯定和高度评价。

1.发展了学生科学素质

本项目实践，发展了学生的创造力，提高了学生的科学素质。近15年我校100%的学生接受了知识产权教育，全部学生具备知识产权保护意识。创新方案、创造成果、创意作品大量涌现，师生的创新意识、创新精神和创造能力得到了充分发挥。近15年我校师生申请国家专利115项，获专利授权72项。参加科技竞赛获国家级以上奖励超过200人次、国际奖项24项。其中获国际发明展金奖11项，世界头脑奥林匹克总决赛冠军4项、亚军1项、最佳创造力奖2项。

2.增强了教师科研能力

本项目实践，显著增强了教师的知识创新能力和知识产权意识。总结的知识产权和创新教育论文、案例，获省级以上奖励超过20项。我校实验教师因创新教育成绩突出获省级以上荣誉超过10项，其中刘志伟老师被评为国家“万人计划”领军人才（教学名师）。

3.推进了学校科学发展

本项目实践，凸显了学校的知识产权和创新教育特色，使我校由原来普通的乡村中学变为现在在国内外有一定知名度的知识创新特色学校。近15年我校因创新教育成绩显著获全国中小学知识产权教育示范学校等超过20项省级以上荣誉。

（二）创新价值

1.实践创新价值

我校创造性地开发了知识产权教育体系，对开发学生创造力进行了富有成效的实践探索，为其他学校提供了一个可资借鉴的成功经验和样本，在全国具有领先水平。近15年我校因具知识产权教育特色每年吸引超过1000人次慕名前来参观交流，学校先后承办了全国中小学知识产权教育研讨会等近10项省级以上知识产权教育研讨会、现场会和现场比赛，多次在全国各地作知识产权教育经验介绍和专题发言。

2.理论创新价值

我校创造性地构建了科学、系统的知识产权教育体系，形成了具有实践指导意义的研究报告、研究论文和教学案例，在《中国教育报》《人民教育》等报纸杂志刊载。这从理论上丰富了知识产权教育的内涵、实质和意义，对于我国实施知识产权教育具有借鉴作用和参考价值。